上 海 家 长 学 校
亲子关系指导丛书

贺岭峰 主编

张
玲
吴海明

著

更好的关系，更轻松的教育

小学阶段家庭陪伴成长指南

上海人民出版社
上海远东出版社

图书在版编目(CIP)数据

更好的关系,更轻松的教育:小学阶段家庭陪伴成长指
南/张玲,吴海明著.—上海:上海远东出版社,2022
(亲子关系指导丛书/贺岭峰主编)
ISBN 978 - 7 - 5476 - 1875 - 2

Ⅰ.①更… Ⅱ.①张…②吴… Ⅲ.①小学生-家庭教
育-指南 Ⅳ.①G782-62

中国版本图书馆 CIP 数据核字(2022)第 231483 号

责任编辑 贺　寅
封面设计 李　廉

本书由上海开放大学
家庭教育教材开发与出版项目资助出版

亲子关系指导丛书
更好的关系,更轻松的教育
小学阶段家庭陪伴成长指南
张　玲　吴海明 著

出　　版　**上海远东出版社**
　　　　　 (201101　上海市闵行区号景路 159 弄 C 座)
发　　行　上海人民出版社发行中心
印　　刷　上海颛辉印刷厂有限公司
开　　本　890×1240　1/32
印　　张　6
字　　数　115,000
版　　次　2022 年 12 月第 1 版
印　　次　2022 年 12 月第 1 次印刷
ISBN 978 - 7 - 5476 - 1875 - 2/G・1167
定　　价　48.00 元

亲子关系指导丛书

编 委 会

总　序

　　亲子关系是最重要的人际关系，没有之一。因为它是以赋予生命并以血脉传承的方式来缔结的。

　　在人类发展史中，我们遗传的素质秉性、习得的生存能力、传承的群体文化，都是以亲子关系为纽带来连接和延续的。

　　在漫长的历史长河中，无论是采集时代、狩猎时代、农耕时代，还是工业化时代；无论是奴隶社会、封建社会，还是资本主义社会、社会主义社会；无论是混居杂交、只知有母不知有父的母系社会，还是三妻四妾、四世同堂的父权社会，以老带新、以大带小的种族延续方式一直是薪火相传、赓续不变的。

　　无论愿不愿意，喜不喜欢，一个人血管里流淌的血液，总是有一半基因和另一个人有关。研究表明，不只是身高、体重、遗传疾病，内在的个人素质，如孩子的智商和情商也有部分来自遗传，甚至连幸福感这样的个人体验都有部分是遗传决定的。再加上基于表观遗传学的行为学特征的代际传递，孩子的情绪反应模式、隐性心理创伤、行为特征风格也可能受到几代家族经验的影响。

亲子关系，本来是生命之河的自然流淌。但是，在今天这样一个历史的转弯处，我们突然发现，在如何处理亲子关系这个问题上，从来没有哪一代父母像今天的父母这样焦虑和窘迫。因为，时代不同了。

在采集、狩猎、农耕时代，养孩子不是特别难的一件事。就是大带小、老带新，以氏族、部落、家族的方式集体抚养，小孩子在群族当中得到照顾、习得技能。由于彼时社会进化缓慢，远远慢于代际的更迭，所以祖孙几代面对的是同样的世界，住的是同一个村，种的是同一块田，小的跟着老的看、听、学、做就行了。多张嘴，多双筷，养育成本不高，变成劳动力收益不小，多子多福，即使出现个别不肖子孙或者养育失败也不会影响家族传承大局。这个时候，只要一个家庭的家风不错，在社会道德养成和生存技能习得方面没有大的缺失，就可以完成家族传承。而亲子关系，作为最重要的家庭关系，无论在婴幼儿养育、童年启蒙、生存生产生活能力训练、社会关系建构乃至结婚生子后的家族生活中，都扮演着核心角色。可以说，一切家庭关系都是以亲子关系为核心构建起来的。亲子关系被嵌套在复杂的人伦关系和亲戚关系中，被滋养被补充，即使出现一些问题，也能够被宗族和村落里的社会支持系统补位和校准。

　　到了工业化社会，蒸汽机和生产线的出现改变了人类的生活生产方式，祖辈的生存技能储备不足了。面对新的社会分工、新的生产流水线，只有经过专门训练的人才能成为合格的工作者。服务于机械化大生产的班级授课制式的学校教育取代了家庭教育，成为青少年社会化的主阵地。这个时候，教师的角色介入到亲子关系中，并逐渐由辅助者变为主导者和评价者，既通过家庭作业控制了孩子的家庭时间和家庭活动，又通过考试排名、家长签字和家长群互动等调整了家长的角色、行为和责任。家庭教育成为了学校教育的辅助。同时，由于父母职业化、家庭小型化、工作移民化、婚姻不稳定现象的出现，导致留守儿童、祖辈养育、身心失调等问题层出不穷。从某种程度来说，亲子关系被弱化了。

　　而进入信息化社会之后，95后、00后等一代网络原住民出现，从出生就开始进入读屏时代，生命样态在二次元空间和三次元空间并行展开，给家长带来了家庭养育的黑洞。爸爸妈妈知道网络世界、虚拟空间的吸引力，却不知道那里面到底藏着啥。屏幕育儿虽然方便但是也有隐藏风险。这导致了年轻父母，一方面让孩子过早地接触屏幕，分担了孩子"十万个为什么"阶段给自己带来的烦恼，另一方面，又因为孩子社会性早熟带来的青春期提前叛逆而懊悔不已。家长，在家庭教育、学校教育、社会教育的漩涡中无所适从。亲子关系，在夫妻关系、原生家庭关系、家校关系、职场关系、网络社交关系、宠物关系、人机关系中变成了一个关系节点，既影响着其他关系，也被其他关系影响着。

我国 2022 年 1 月 1 日开始执行的《中华人民共和国家庭教育促进法》，重新梳理了家庭教育和亲子关系。认为亲子关系应该做到，一是亲子关系是父母的主体关系。自己的孩子自己养，父母要亲自陪伴孩子，不能以各种理由和借口把自己的责任转给老人、保姆、老师。二是亲子关系是父母的同位关系。父母的责任是同等的，爸爸妈妈谁都不能逃，即使分居、离婚了，照顾孩子的责任也不能少。三是亲子关系是父母与孩子之间的互动关系。言传身教，相机而教，就是在日常生活之中潜移默化地影响孩子，想让孩子做到的，自己应该先做到。督促孩子成长，自己先要成长。四是亲子关系是父母与孩子之间的平等关系。尊重差异，平等交流，不要打骂孩子，不得伤害孩子身心健康和社会健康。五是亲子关系是孩子健康成长的底层关系。良好的亲子关系为孩子的成长提供了安全感，也为孩子立德树人确立了界限与规矩，是孩子道德品质、身体素质、生活技能、文化修养、行为习惯等方面养成的关系基础。

在孩子成长的不同阶段，亲子关系扮演的角色是不一样的。在孩子 0 至 6 岁的时候，亲子关系是孩子一生依恋模式和安全感的基础，也是大脑神经布线的关键时期，爸爸妈妈的角色和影响至关重要，双人游戏、多人游戏和规则游戏是亲子之间进行技能学习和社会化的主要载体。7 至 12 岁的小学阶段，是养成良好的学习习惯、应对方式、社交技能的关键时期，亲子关系一方面为孩子适应学习生活建章立制，另一方面也为孩子的身心健康免受伤害保驾护航。12 至 18 岁的中学阶段，是青少年的疾风暴雨时期，身体、自我、认知、情绪、社交都进入了一个在波峰和波谷之间起伏跌宕的折腾时期。而良好的亲子关系则成为这段时期的压舱石。亲子关系好，就有惊无险、化险为夷；亲子关系差，就火上浇油、雪上加霜。18 至28 岁，孩子已经进入了成年阶段，但是还会在专业定向、职业选择、婚恋生育、职场发展、个人成长等方面与家长协商或者争夺决策权。此时的亲子关系更多的是一种转换、一种交接、一种守望，如果处理不好，就可能演变成独立与反独立、操纵与反操纵、支配与反支配、以爱之名与反爱之名的一场战争。至于到了备孕备产的准父母阶段，年轻人越来越意识到原生家庭对自己的影响，对即将到来的父母角色充满期待也充满焦虑，在成为新角色的过程中要面对很多关系的改变和心理上的突破，尤其是孕产期间和独立抚养过程中的心理调适，成为人生成长脱变的一道关卡。生命，在相遇和传承的过程中实现着意义的迭代，每个时期都是关键期，每次应对都是胜负手，是稳定安全的亲子关系筑牢了生命跃升的基石。

要看到，这是一个百年未有之大变局的乌卡时代和巴尼时代。竞争激烈了、就业艰难了、岗位消失了、人工智能升级了、元宇宙来临了。当体能被能源取代、智能被算法击穿的时候，人类最后的尊严就是我们的情绪情感、我们的使命情怀。亲子关系，是一个幼小生命发芽、拔节、抽穗的营养之源，是人生中的宝贵资源，一定要倍加珍惜。

　　要看到，这是一代在二次元空间和三次元空间平行成长的生命。脑机接口、硅基生命、大健康产业、分子生物学、虚拟现实、线上平台、机器人工作，为新一代生命的生存、生产、生活带来了无限可能性。一些边界会坍塌、一些价值会沦落、一些生命被点燃、一些存在会重塑。而亲子关系，是在这传承与创新的过程中最有生命连接感的纽带、最有内生动力实现升级迭代的助推器、最柔滑顺畅相互温润滋养的催化剂。亲子关系，是无土栽培时代的营养剂，是野蛮生长过程中的阳光和水。

　　要看到，我们就站在代际传递的传送带上，载着历史的痕迹，走进未知的未来。要切断代际创伤、要自我疗愈心灵、要保护幼小生命。一代人有一代人的使命，一代人有一代人的局限，而我们这一代人，就是在见证历史巨大变革的过程中，挡住沉渣泛起，撑起万里无云。以亲子关系为镜，可以照见我们的贪婪和恐惧、无知和傲慢、暴躁和愤怒、怀疑和焦虑，也可以看见初心本性、使命愿景、道与坚守、爱与责任。

　　亲子关系是个支点，可以撬动代际生命。

　　为了更好地贯彻落实《中华人民共和国家庭教育促进法》，上海开放大学家长学校组织专家队伍编写了"亲子关系指导丛书"。丛书由上海开放大学王伯军副校长统筹安排，由非学历教育部王松华部长和姚爱芳副部长督促落实，由上海体育学院心理学院贺岭峰教授担任主编，由青少年畅销书作家朱凌、叶如风、张玲、郝正文、吴海明、姚爱芳、贺岭峰等组成写作队伍,为广大家长朋友呈上了一场亲子关系的心理与精神盛宴。

"亲子关系指导丛书"共 5 册,逻辑结构是按照人生发展关键期来编排。根据人生成长阶段划分为婴幼儿阶段(0 至 6 岁)、小学阶段(7 至 12 岁)、中学阶段(12 至 18 岁)、大学及就业阶段(18 至 28 岁)、准父母阶段(备孕备产阶段)的亲子关系。

朱凌老师编写了《好关系成就好孩子:0 至 6 岁亲子互动中的关键密码》。这本书聚焦在 6 岁之前的亲子关系。0 至 6 岁,可能是孩子生命中变化最快最多的阶段,也是建立亲子关系最宝贵的岁月。书中提出了"手指灵活的孩子更聪明""妈妈越爱说话宝宝越聪明""亲密关系从感觉妈妈的体温开始""给孩子建立规则而不是交换条件""先接纳孩子的情绪再教会他用语言表达"等有趣的观点,值得小孩子的爸爸妈妈去关注。

张玲、吴海明老师编写了《更好的关系,更轻松的教育:小学阶段家庭陪伴成长指南》。作者认为,6 至 9 岁是孩子进入小学正式开启学业和社交生活的"启航"阶段,而 9 至 12 岁的孩子进一步有了自己的意识,进入了家长"领航"阶段。在这个阶段,家长更应该学会去发现,"好的亲子关系应该是尊重和有边界的关系""亲子关系越亲密反而家长越会越界影响孩子的自主能力""孩子发生突然变化,原因在父母自己身上"

"每一次孩子间的战争，都是难得的社交能力成长机会""孩子越来越磨蹭，背后竟是家长的'功劳'"。

叶如风老师编写了《如何读懂大孩子的心：12 至 18 岁家庭育儿指南》。作者聚焦在 12 至 18 岁这个年龄段。面对青春期，为什么原本小学阶段的那个"乖孩子"，仿佛一夜之间变成了一个"怪孩子"？青春期的大孩子到底有哪些特征？我们在养育上会有哪些难点和痛点？如何赢得大孩子的心，收获和谐的亲子关系？这些问题都可以在本书中找到答案。

贺岭峰、姚爱芳、郝正文老师编写了《两代人的碰撞与沟通：18 至 28 岁青年与父母间的相处之道》。本书选择了代际间的沟通、志愿的选择、求学与留学、择业与就业、恋爱与结婚、成家与养育 6 个方面的 20 多个案例，讲述了 18 至 28 岁的青年人与其父母之间的相处之道。全方位展示了当代年青人与父母在同样的问题、情境面前不同的价值取向和行为选择，让读者对这代年青人及其与父母的关系有更多的看见。

朱凌老师编写了《拯救准妈妈的未来焦虑：走出原生家庭束缚找到自己的角色》。针对准妈妈这个群体，在这本书的写作过程中，记者出身的作者做了大量的采访。书中的案例涉及到原生家庭的影响、妈妈自我成长、家庭关系的平衡，以及成为独力抚养者该如何处理亲子关系，和新妈妈如何应对产后抑郁。作者发现，孩子是爸爸妈妈的镜子，"问题孩子"映照出的是家长正在遭遇的困境。有的妈妈在原生家庭中养成了讨好型人格，过度压抑自己的情绪，孩子的各种异常行为，其实是妈妈内心情绪的外化。有的妈妈内心有着深深的不安全感，对所有事情都要求完美，都要掌控，还不会说话的孩子，已经能接受到妈妈的焦虑不安，并通过应激状态反映出来。当妈妈意识到自己的问题，调整自己的状态，孩子的"问题"也会随之好转。通过案例故事，可以看见原生家庭的影响，看见自己成长的路。

　　本套书的读者对象面向市民家长，每篇均以生活现象和典型问题导入，一个个具体的亲子关系案例，对案例进行深度精细化解析，并为家长提供 3 至 5 个具体实操的行动建议。丛书根据"好看、实用、深刻"的编写要求，尽可能做到育儿理念科学化、亲子案例故事化、语言风格口语化、对策建议实操化。

　　希望不同年龄段的家长都能够在本套丛书中看见时代、看见孩子、看见自己，最重要的是，看见亲子之光，在我们陪伴孩子成长的过程中，为生命播下幸福的种子。

王伯军　贺岭峰

2022 年 10 月 22 日

自　序

从启航到领航，小学阶段的亲子关系经营智慧

　　孩子的成长对每个家庭来说都是一件意义重大且影响深远的事，从孩子呱呱落地到养育成人，个中艰辛与挑战自不必说，对家长来说，不同阶段的任务和课题也不尽相同。在做家庭教育指导的十几年工作中，在指导不同阶段的家长和家庭的过程中，越来越觉得养育孩子的过程更像是父母与孩子的航行之旅。0 至 6 岁属于"预航"阶段，它决定了孩子的性格、安全感及亲子关系基础；6 至 9 岁进入小学，正式开启学业和社交生活的"启航"阶段；9 至 12 岁则进入了三年级的分水岭，孩子进一步具备自我意识，这时候的家长更像是领航者和教练；而 12 至 15 岁则是面临早恋、升学、电子产品等各种诱惑的另一个挑战阶段，我们称之为"护航"阶段；15 至 18 岁接近成年，父母要做的更多是放手、放心与放飞，因此更像是

"远航"。

作为亲子关系指导丛书之小学阶段，本书横跨了孩子的"启航"与"领航"阶段。

全书共五个章节，从亲子的关系的理念到日常亲子关系中矛盾的冲突点都有涉及。

其中，第一章节帮助建立科学的亲子观。我们相信理念指导行为，如何看待和理解亲子关系决定了家长在日常语言和行为中如何对待和处理亲子关系，建议家长们细读。

第二章中，"保护"一词贯穿整个内容。好的亲子关系应该是尊重和有边界的关系，在过往指导中，我们发现孩子实际上天生就具备优秀因素，比如好奇心、自信心等，对于这些如果家长能做到"无为而治""不教而教"，在很多层面上甚至反而能将孩子培养得更加优秀。感兴趣的家长不妨对照一下，看看目前是事半功倍还是事倍功半的养育状态，以便及时复盘与优化。

第三章到第五章，我们聚焦于亲子关系中实际面临的一些难点与挑战。从孩子的学业、心理、社交层面着手，以家长较为关注的尤其是在小学阶段会发生的场景为基础。其中，社交板块中的冲突管理和学业模块中的自主能力培养值得家长重点关注。这两个重要的成长课题都是来自家长和孩子日常的亲子关系模式，往往家长与孩子关系中的相处模式会映射到孩子与同伴的交往过程中；而自主能力则恰恰相反，亲子关系越亲密反而家长越会越界影响孩子的自主能力，感兴趣的家长可以关注相关章节进一步了解。

考虑到个人隐私，书中案例均采用化名形式进行呈现，这些案例都是基于过往的家庭教育指导实例及沙龙中家长求助和探讨较多的话题累积而成，力求给到家长较为实用的指导策略及行之有效的落地办法，帮助家长和孩子一起顺利度过小学这个特殊又有意义的阶段。

没有有问题的孩子，只有不断成长的孩子。家长好好学习，孩子定能天天向上！

本书由张玲和吴海明共同完成。其中，序言、第一篇、第四篇、第五篇由张玲撰写，第二篇、第四篇由吴海明撰写，后记为两位作者分别撰写，全书由张玲统稿。

张　玲　吴海明

2022 年 10 月 28 日

目　录

— 第一篇 —
树立家教的基本理念

— 第二篇 —
保护孩子的成长要素

第一篇

树立家教的基本理念

一、孩子发生突然变化，原因会不会在父母自己身上

导言

不少家长发现孩子在幼儿园时还比较听话，很多事情只要提醒一下就会较快执行，可是到了小学之后，一件事情讲好多遍孩子还不一定去做，甚至会嫌家长烦……

或者发现孩子小时候和自己亲密无间，但是进入了小学，尤其是到小学三四年级以后，会发现孩子做很多事情时都会瞒着家长，问到学校里的事，孩子也会说不知道、随便、无所谓……

和幼年时代相比，家长和孩子的关系似乎发生了很大的变化，很多家长甚至感觉不知道从什么时候开始，孩子和自己的关系慢慢不再亲密了。这里面有个非常重要的因素，就是家长的觉察力。孩子发生突然变化，原因在父母自己身上。

案例

　　萌萌（化名）是一个小学二年级的孩子。从生下萌萌开始，妈妈就选择了做一名全职妈妈，因为妈妈相信家长对孩子的陪伴和关心是孩子一生最重要的财富。因此妈妈和萌萌几乎是形影不离的，一直以来萌萌都非常依赖和信任妈妈。

　　然而从二年级开始，妈妈逐渐发现，萌萌发生了一些改变。首先是萌萌跟妈妈说话的语气不再像以前那样尊重和亲昵，多了很多不耐烦。妈妈感到非常挫败，很伤心难受，开学一个月已经和孩子发生了三次冲突。这天，妈妈和萌萌就因为写字的问题又发生了冲突。

　　妈妈检查萌萌的作业时，发现萌萌写的字不好看，就指着作业本跟萌萌说："萌萌，你看你写的这个字，歪歪斜斜，一点也不整齐。"

　　萌萌看了一眼后很不满意地说："可是我们老师前两天还说我的字好看呢！"

　　"就算你们老师说你的字好看，但你也还是需要进步的，你是可以把它写得更好看一些的。以后每天练半张字吧！写好字对你以后很有帮助的！"妈妈耐心地说道。

　　"可是我不想每天都练字……"萌萌不情愿地说。

　　妈妈回应道："妈妈这样都是为了你好。"

"走开! 讨厌你!"还没等妈妈说完,萌萌就打断了妈妈的话,并把妈妈推出了自己的房间。

妈妈难过极了,想到小时候和萌萌相处得十分愉快,几乎从不发生冲突,那时候的萌萌乖巧听话,现在怎么会说出这么让妈妈伤心的话呢? 自己性格温和,很少对萌萌发脾气,加上自己就是为了照顾萌萌才选择了全职,一心想把孩子培养成人,让她健康快乐地长大,可是现在为什么孩子却变成了这样?

解析

在这个案例中可以看出妈妈为孩子付出了很多,把所有的心思都放在孩子身上,但是却面临着亲子关系的紧张,而其中很大一部分原因在于妈妈的觉察力是不足。主要表现在以下三点。

1. 没有觉察自己对孩子的要求发生了变化

表面上妈妈没有要求,实际上是对孩子有很多要求的。最开始妈妈对孩子的期待只是让她健康快乐地长大,但是,随着孩子的长大和入学,对孩子也有了更多的期待,从说话语气到写字习惯等,可以说事无巨细而且充满焦虑。而从孩子的世界来看,以前陪伴自己鼓励自己的妈妈像是变了一个人,变得不再可爱,只会不断要求自己。妈妈在这个过程中实际上是"不知不觉"变化的，也就是妈妈自己并没有觉察到。

2. 没有觉察自己对孩子的态度发生了变化

　　想象一下，假如你是萌萌，每天面对妈妈的挑剔和对各种细节的要求，你是否还能像幼时那样乐于和妈妈亲近呢？其实有时候成年人也是如此，比如早上去咖啡店买一杯咖啡，如果咖啡店的工作人员对我们的态度不耐烦，或者是皱着眉头，可能第一反应会认为："他为什么要对我这样的态度，他是不是针对我的？"而孩子更是如此，孩子的世界很难用理性去思考，更多是用感受来决定。当一个妈妈不断用批判式语言对待孩子的时候，孩子所接收到的信息一定是糟糕的，可想而知，家长和孩子的亲子关系会变成怎样的了。这位妈妈其实对自己的表情和非语言信息也是缺乏觉察力的。

3. 没有觉察到孩子行为背后的情绪变化

　　妈妈有提到过，已经和孩子连续几次冲突了，孩子甚至对她说"走开，讨厌"。其实，如果从孩子的角度来看的话，从以前的乖巧变成说出这种话，背后一定是有很多愤怒情绪的。而这些愤怒的情绪，或许也是隐含着很多的无助和沮丧。但是这位妈妈，第一反应是这个孩子怎么能这样啊，她变了，而没有想到的是她为什么有这么强烈的情绪，这些情绪的背后是不是跟自己有关系，自己用了怎样的语言和方式，让孩子产生这样的愤怒。这就要求妈妈能觉察孩子的情绪，并觉察自己的语言如何影响孩子的情绪，显然这位妈妈在这一块也是不敏感的。

所以，作为小学阶段亲子关系指导丛书的开篇，我们把家长的觉察力作为首先需要练习的能力。接下来，我们与各位家长分享几个亲子关系中的觉察工具。

建议

1. 亲子关系轨迹图

如同企业经营需要有指数图记录一样，亲子关系同样需要我们去经营。但是，很少有家长对自己的夫妻关系或亲子关系进行数据统计。随着孩子的年龄增长，实际上亲子关系是在不断发生改变的，即使都处于小学阶段，小学一年级和五年级的亲子关系模式也有着很大的不同。我们建议家长每隔一段时间可以对亲子关系进行记录和评估，每当数字下降或者有波动，家长可以觉察一下发生了什么导致数值下降，以及可以做些什么来提升分值。

方法是画一个坐标轴，横向是孩子的年龄增长，竖向是分值（1—10 分）。

家长可以画出目前孩子的年龄段以及从出生到目前的亲子关系分值，看看分数是越来越高还是越来越低。

2. 亲子关系小采访

建议每个季度在家庭中做一次亲子关系小采访。家长们需要知道关系一定不是个体存在，它是双向互动才能形成的。但是，在亲子关系中，有些家长会扮演权威角色，一旦家长认为自己是权威，便很难去反思和觉察自身。可以把孩子当成和家长平等的个体来对待，结果可能就会完全不同。参考下面的用户访谈单，家长们不妨和孩子在家做一下练习。

　　本周和妈妈（爸爸）的互动中，你的感受度是几分？

　　近期和你的对话中，有哪些是你不认同或者阻抗的呢？

当我们和孩子这个用户建立起一个对话，建立起信任和反馈机制的时候，恰恰孩子能够像镜子一样帮助我们增加自身的觉察力。

> **TIPS**
>
> 　　世界上所有的爱都是以聚合为目的，唯有父母的爱是为了分离。亲子关系一场，真的就是不断地去看着孩子，离我们越来越远，而我们能做的就是不断地祝福和给到他们最好的爱的支持。每一位家长需要去明白，随着孩子成长的不同阶段，我们也需要不断去觉察自己，觉察孩子的变化，以及觉察到

在每一个新的阶段，亲子关系会进入怎样的状态。同样，育儿也是家长的一场自我修行，每位家长带着这样的觉察力，亲子关系一定能经营得越来越好。

二、想要走进孩子内心，
先要学会倾听

导言

作为父母，你有没有被孩子抱怨过"爸爸（妈妈），你把手机放下跟我说话"，或者"爸爸（妈妈）你真的有在听我说话吗"？

作为父母，你是否遇到过在和孩子说话的时候，孩子不好好听，简单敷衍？

其实，孩子天生就是喜欢和父母说话的，但是父母怎么做才能让孩子的这种天性保持下去呢？

案例

下午放学，三年级的图图（化名）随着班级列队走出校门，边走边快速搜索着妈妈的身影。远远望见妈妈正在行道树下看着手机，图图立刻加快了步伐，开心地跑向妈妈，一边跑一边喊"妈妈，妈妈"。听见图图的叫喊，妈妈抬了抬头，应了一声"哎！宝贝儿"，然后目光又落回在手机上。

图图一把抓住妈妈正在发信息的手，兴奋地说道："妈妈，妈妈，你知道吗，今天我们在课堂上见证了奇迹。"

妈妈"哦"了一声，没抬头，好像正在用手机处理着什么事情。然而，图图依然很兴奋，迫不及待地跟妈妈说："今天上课的时候，我们的科学老师往一杯装满了水的杯子里面放回形针，你猜放了多少个？"图图眉飞色舞地描述着课上的内容，期待地看向妈妈。正忙着回信息的妈妈看都没有看孩子，随口就说："不知道。"图图紧接着说："43个！你知道吗，明明水已经很满了，但就是没有溢出来。老师让我们先猜，有的同学猜可以放2个，我一开始猜了5个，猜得最多的也就10个。但是最后老师居然放了那么多，好神奇呀！"

图图继续激动地和妈妈分享着这个奇迹，妈妈一边处理事情，一边似听非听地"哦"或"嗯"两声，以示回应。几分钟后，妈妈手头上的事情忙完了，抬起头看着图图，问道："图图，今天在学校怎么样啊？"图图看着妈妈，有点失望地说："妈妈，我已经跟你说过了，你刚才真的有在听我说话吗？"

晚饭后，图图写完作业，走向正在看电视的爸爸："爸爸，我作业写完了！"坐在沙发上，眼睛盯着电视的爸爸"哦"地回应了一声。图图见爸爸看电视看得认真，就坐到爸爸边上，一边看着爸爸一边轻声试探着说："爸爸，那你可以给我 100 块钱吗？""啊，100 块？上周不是刚给过你零花钱嘛，怎么这么快就花完啦？"图图刚想张嘴说话，爸爸转过头认真地看着图图，接着说道："爸爸妈妈赚钱很辛苦的，你知不知道？零花钱要省着用，这钱你都用到哪儿了？"被爸爸这么一问，图图的脸瞬间涨红了，不由自主低下头，小心翼翼地回答："妈妈下个星期要过生日了，我想给她买个生日礼物，零花钱不够，还差 100 块。"

解析

　　诉说和倾听是日常生活人与人交流中最经常发生的事情。大家都知道跟别人沟通时要专心听对方说话以表示尊重，这也是人际交流的基本礼仪。但当和孩子沟通时，父母可能会觉得孩子要讲的事情比较简单，自己不用专注地听，经常会一心两用。有时候，确实也是因为父母手上有忙不完的工作，难以时刻关注孩子。还有很多时候，连大人们自己都不知道自己进入了假装聆听的状态。实际上，孩子们能够充分感受父母和自己说话时的态度和语气，并以此判断出家长们对自己所说内容的回应是敷衍还是真正的聆听。如果总是被敷衍，孩子可能会渐渐学习到这样的回应方式，以后也会以同样方式敷衍父母。同时，孩子会觉得自己是不被重视的，久而久之自然就会选择不和父母进行沟通了。这也就是为什么很多青春期孩子的家长会抱怨孩子不想和自己说话的原因，殊不知这种不沟通的种子早在小学阶段就埋下了。那么，图图的爸爸妈妈都做了什么，为未来的亲子关系又埋下了哪些隐患呢？

1. 在孩子需要被充分关注的时候未能给予足够关注

每个孩子都曾经希望在走出校门的第一时间能够看到自己的爸爸或妈妈，也希望看到自己的爸爸或妈妈正在找寻自己，这会让孩子感觉到被关注、被重视。如果图图走出校门找寻妈妈的时候，能够正好和妈妈张望自己的眼神对接，图图一定会觉得妈妈在期待着自己的出现，这是一种高质量的连接。当图图和妈妈兴高采烈地分享在学校见证的"奇迹"时，图图期待妈妈能够全神贯注地倾听，同他分享这份喜悦。然而，当时妈妈却忙着看手机，并没有专注聆听孩子在说什么。这种一心两用的状态，图图肯定是感受到了。所以，当妈妈忙完了再想找图图了解学校情况的时候，图图已经不愿意和妈妈再说一遍了。

2. 缺乏促进沟通交流品质的有效反馈

不管是一边发信息一边无意识做着回答的妈妈，还是不给孩子说话机会的爸爸，其实都没有在和孩子进行良性互动。忙于处理手头事务的妈妈，仅仅是以"哦"等语气词来表示："我知道你在和我说话，我虽然在处理事情，但我还是对你说的话有回应。"并没有对孩子表达的内容给予有针对性的反馈，因而无法让图图感受到正在和妈妈交流，最后图图一针见血地指出妈妈并没有真正听自己说话。爸爸和图图的沟通过程里，一听到图图要钱，就立刻切换到单向教育的反馈模式，没有给图图留下表达的机会，还好爸爸最后问了一句零花钱用在哪儿了，否则图图可能也不会说出想要给妈妈买礼物的真实想法。

3. 倾听的"绊脚石"——主观臆断

父母很容易对孩子的行为做出评判。就像图图的爸爸，在没有完整了解事情的前因后果时，就主观认定孩子花钱大手大脚，还给孩子扣上了不体谅父母的帽子。本来孩子是非常有心地想给妈妈准备生日礼物，结果被莫名评判和教育了一番，留在孩子心中的第一感受是被误解，他对妈妈的爱也没被看到。可想而知，图图的内心得是多么难受哇！

建议

倾听是建立良好亲子关系的一剂良方。孩子在向父母传递信息的时候，有的时候是希望寻求父母帮助来解决问题，有的时候仅仅是希望得到父母的理解，找到一个情绪发泄的出口，有的时候则是和父母分享成长的喜悦。家长们可以利用好每一次沟通的机会，认真倾听孩子说出来的话，感受孩子语言背后的情绪，通过语言或者行动让孩子感觉到被爱与被尊重。

以下是一些练习积极倾听的方式。

1. 学会全神贯注于孩子

真正地倾听，意味着把注意力放在他人身上，而不只是耳朵听着对方讲话。如果家长当下的确有重要的事需要处理，那么可以直接告诉孩子自己正在处理重要的事情，请孩子稍微等一会儿。如果可以预估具体需要的时间就更好，例如 5 分钟。以案例为样本分析，妈妈可以说："图图，妈妈正在处理一些工作上的事情，大概需要 5 分钟，妈妈把事情处理好再听你讲今天在学校见证的奇迹，好吗？"通常孩子不会不同意，因为自己的需要已经被妈妈关注到。如果处理事情需要的时间较长，或者自己的状态不能够倾听孩子，都可以直接告诉孩子，并且和孩子另约时间。家长可以说"你想告诉我在学校发生的有趣事情，但是我现在有个重要的事情需要处理，有几个电话要打，要到 5 点钟以后才有空，这 2 个小时之内没法专心听你讲。5 点钟以后，妈妈可以把时间都给你，好不好？"通过这样的语言表达，家长传递给孩子的信息是"你很重要，虽然我现在没法听你说，但过一会儿我会听你说，我很关心你的想法、感受和困惑"。

　　除此之外，家长还可以通过其他肢体语言来表达。比如，当感觉到孩子想跟自己说话时或者已经听到孩子和自己说话时，家长可以将正在做的事情放一放，看向孩子，和孩子建立眼神交流或身体前倾以表示自己在认真地听。也可以选择蹲下来，让自己和孩子的视线齐平，这样孩子一来不用仰着头说话，二来一定能感受到平等与尊重。

2. 及时提供反馈，但要推迟评判

　　在沟通的过程中，及时和孩子产生互动、提供反馈，也是积极聆听的重要表现。对于孩子描绘模糊的地方，家长可以通过提问来澄清某些要点。比如"你说的……，是什么意思？"或"你的意思是……，对吗？"。家长的反馈也可以是两个层面的，关于内容的反馈和关于情绪的反馈。例如，当一个孩子说，"我睡不着，我感觉有怪物会抓住我"。家长关于内容的反馈可以是："当你认为有一个可能会伤害你的怪物时，你没有办法去睡觉，是吗？"关于情绪的反馈可以是："你担心怪物可能会抓住你，所以你很害怕，无法入睡，对吗？"不管是内容的反馈还是情绪的反馈，家长都无须急于告诉孩子怪物不存在的事实，而是通过反馈让孩子知道他（她）的想法被听到了，被认可了。也就是说家长在听的时候一定不要着急对孩子所说的内容进行判断或评价。无论孩子说了什么，都先听孩子把话说完。在倾听的过程中，对于自己的猜测，需要进行核对。

3. 无条件接纳孩子的表达

在孩子表达的过程中，家长要无条件接纳孩子的表达。也就是说，家长需要让孩子觉得自己在家长这里一切都能够表达，其中尤为重要的是接纳孩子的情绪。例如，如果孩子生气地宣称："我是班上唯一一个没有被邀请参加聚会的人。"虽然这种说法可能是不真实的，但首先要接纳孩子感到被冷落的事实，可以对孩子说："你是不是因为没有被邀请而感到伤心，尤其当你觉得你是唯一没被邀请的，这可能让你有点愤怒。有这种感受很正常，爸爸妈妈理解你。"但是，如果家长直接用"我知道某某某也没被邀请"来反驳孩子的陈述，那么孩子很有可能就会隐藏背后的情绪。通过接受孩子的观点和感受，家长们可以让孩子更专注于自己的感受。接受是积极倾听的核心和灵魂，所以在倾听的过程中，家长一定要保持耐心。通过完整地倾听孩子，为自己的孩子提供一个安全的情绪发泄地，让自己的孩子知道世界上至少有一个人关心他（她），无条件接纳他（她）。

TIPS

全球热销家庭教育书系作者、美国杰出的教育专家阿黛尔·法伯曾经说过："如果家长能真正倾听孩子的叙述，孩子就能容易地表达他们面临的困境。

有时候，孩子需要的是我们能与他们产生共情。"当孩子没有当选班委时，我们可以听到他们的失望；当孩子的计划没有实现时，我们可以接受他们的沮丧；当孩子抱怨他的朋友比他拥有更多的自由时，我们可以承认他们的不满。当我们暂时放下要为孩子"修理"一切的念想，去真正倾听孩子的声音才是建立安全关系的最佳方式。在这种关系中，孩子们将家长视为"在他们的角落"，并且是他们在需要支持时可以随时返回的基地。而拥有这种安全感的亲子关系是帮助您的孩子成为对您的爱和指导持开放态度的坚韧、负责任和有爱心的人的重要基础。

三、想要帮孩子处理问题，
　　先要学会共情

导言

　　共情，也被称为同理心和同感，由人本主义心理学家卡尔·罗杰斯提出，是指体验他人内心世界的能力，现在也越来越多地应用于人际沟通和关系的建立中。在促进双方关系中，共情不是万能的，但是没有共情的沟通却是万万不能的。经常会听到很多家长在学习如何与孩子共情，那真正的共情是什么样子的呢？

案例

　　小美（化名）是一名 11 岁的独生女，目前在上海一所小学读五年级。在妈妈眼中，小美是一个很上进努力的乖孩子，成绩优秀，深受老师和同学的喜爱，也结交了一个玩得特别好的小伙伴。老师和家长对小美寄予很高的期望，希望孩子步入初中时能有更好的表现。

小美一直努力学习，在即将到来的期末考试中，更是给自己定下班级前三的目标。为了达成期末目标，小美尽量把更多的时间投入到学习中，就连好朋友约自己周末出去玩耍也都婉拒了。在前几天老师组织的一场测试中，小美没有很好地发挥出自己的实力，结果不如预期，同时小美发现，自己的好朋友和班里其他女生走得更近了，所以最近情绪比较低落，每天放学回家后没有了往日的活泼，也不爱笑了。

妈妈察觉到了孩子的异常表现，同时也观察到孩子经常会自己待在房间，沉默寡言，有时还偷偷地哭。妈妈很担心，便主动和小美沟通："小美，我看你最近好像不太开心，是遇到了什么困难吗？妈妈很担心你，你愿意告诉妈妈么？我们可以一起解决！"

小美和妈妈关系很亲近，听见妈妈这么询问后，小美哭着奔向妈妈，嘴里不断说道："妈妈我对不起你，这次我没考好。"

"你之前那么努力，没考好你心里肯定很失落。妈妈看到了你的努力，你没有对不起妈妈，无论你考得好还是坏，妈妈为你的努力而自豪，妈妈永远爱你。关于考试成绩，我们可以一起来分析一下原因，下次再继续努力！"

妈妈细心地安慰小美，耐心听小美讲自己的心事，小美也分享了自己和好朋友的事情。妈妈换位思考着理解小美，并且分享了自己交朋友的一些经历，帮助小美一起解决人际交往的问题。

慢慢地，小美便不再伤心难过了，而是学着以积极的心态去应对学习和交友上的问题。看到小美的心情逐渐变好，妈妈更是欣慰。

解析

上面的案例中，小美的闷闷不乐与其没有达到自己的期望目标而带来的失落有关，也和担心失去友谊的孤独感有关。面对这样的情况，小美的妈妈很好地运用了共情的态度来安抚孩子，让孩子觉得妈妈是值得信任和依赖的人。那么，为什么共情式的回应能让小美更加愿意信赖妈妈呢？

1. 共情可以帮助孩子先释放情绪，再思考事情

人类的大脑分为左右脑，右脑负责情绪，左脑负责逻辑。在我们处理右脑的情绪情境下，实际上是很难进行逻辑思考的。这个时候，家长如果再进一步进行说教和建议，孩子不仅不能收到，还会更加愤怒。因此共情在这个时候就变得更加重要，家长共情的同时也在帮孩子处理情绪，而孩子在被共情之后，负面情绪得到释放，心情也就自然能够调整回来，同时

也可以更有精力去处理自己面对的问题了。案例中的小美正步入青春期，这阶段的孩子一方面逐渐减少和父母的倾诉以及紧密的互动，另一方面发展出越来越强烈的社会交往需求，尤其是对友谊的追寻。同时，在青春期阶段孩子的情绪比较容易波动和敏感，朋友的一个小举动会在他们心里产生较大的波澜，或是引发无限的思索，甚至会因此感到孤单和无助。小美的妈妈正是因为有着良好的共情能力，先感受并共情到了孩子的情绪，才能有效帮助小美化解情绪，得到进一步的沟通。

2. 共情可以帮助家长走进孩子内心，并让孩子愿意回应

　　当妈妈观察到小美情绪低落后，并没有立马下判断，也没有说"这点小事，有什么好哭的"，而是试着去了解孩子遇到的困难，并以平等的语气询问孩子的想法。妈妈释放出的这种信号和态度，传递出妈妈懂得孩子内心的失落和难受，同时肯定了小美的努力，并明确告诉小美妈妈爱她并不是因为她学习好，妈妈爱她是因为她本身。这会让小美觉得自己的情绪和感受是被妈妈看到的，这种共情式的回应能让小美感到自己被理解、被接纳，同时也能帮助小美继续保持对自己的信任，而不是轻易自我否认。所以小美在听到后才会忍不住哭着奔向妈妈，寻求进一步的支持和帮助。不难想象，如果小美的妈妈说"多大点事儿整天闷闷不乐的，再这样下去会更耽误

学习"，小美感受到的肯定不是妈妈想了解她发生了什么，而是妈妈在指责她、批评她，自然也就不会有更进一步跟妈妈倾诉的感觉。

建议

1. 设置家庭"情绪温度计"

作为父母，在养育孩子的过程中会经常遇到孩子受到挫折或者发脾气的情况，很多家长对情绪并不敏感，等到发脾气的时候其实已经脱口而出一些伤害性的语言了。在这里，推荐家长可以设置一个家庭"情绪温度计"，家长可以通过一些非语言信息觉察孩子的情绪。例如看到孩子无精打采的面部表情，发现孩子说话少了，喜欢一个人待着等，这些信号可能都在提醒父母，孩子遇到了一些难题并且需要家人的理解和支持。同时，父母也需要觉察自身的情绪。当孩子有上述表现时，如果父母表现得非常急躁，不停地问孩子怎么了，出了什么事情，孩子天生的敏感会让其直接地感受到父母言语中传递出的负面情绪。这种情绪对于孩子来说不仅不利于问题的解决，反而很可能会在无形中成为孩子的一种负担，导致处于青春期的孩子更加不耐烦，更不想与父母进行沟通。此时，父母可以尝试先觉察自己的情绪，比如当发现自己说话的语速开始变快、音调越来越高时，这表明自己的情绪已经开始高涨并且有可能失控，需要有意识地进行调节。

2. 和孩子一起玩"情绪连连看"游戏

共情不等于同情，也不是随意评论或者随便建议。在父母理解了孩子的问题后，可以先尝试着用试探性的语气来帮助孩子觉察自己的情绪状态，就像连线一样，试着把孩子的情绪和背后的想法进行连连看。例如针对上文中小美的人际交往问题，妈妈可以说"因为想要把更多的时间放在学习上，所以很愧疚拒绝了小伙伴，但是现在朋友好像和自己疏远了，这让你觉得很伤心，同时也有些后悔与无助，不知道该怎么挽回这段友谊"，也可以尝试用询问的语气向孩子确认她所体会到的情绪，然后帮助孩子表达自己内心的感受。也许孩子在诉说的过程中会流泪，这时候要做的不是指责不坚强，而是接纳孩子此刻的脆弱和伤心。通过这样的"情绪连连看"，相信家长可以很快提升自己的共情能力，孩子也会收获更懂自己的家长。

TIPS

想要读懂孩子，给予孩子恰好的理解与支持，学会共情是每位家长的必修课。共情的结果不是问题的直接解决，却是问题解决的基础；当家长越早地学会共情，越能更早地成为孩子的榜样。向孩子展示如何换位思考，如何处理困难的路径，孩子便能在支持与包容的氛围下更好地学习与成长。

四、想要孩子"好好听"， 先要学会"好好说"

导言

与孩子沟通的过程中，各位家长有没有遇到过明明自己是一番好意，却被孩子怼了一鼻子灰，然后针锋相对，最后弄得大家都不开心的情况？

表达在人际沟通中占据非常重要的位置，表达包括神态神情、语气、态度、声音等因素，同样的话语如果使用不同的方式来呈现，所引发的后果可能完全不一样。那么，家长如何"好好说"，才能让孩子"好好听"呢？

案例

果果（化名）和蕾蕾（化名）同住一个小区，一个甜美一个可爱，一个喜静一个好动，在同一所小学读五年级，一个

2 班、一个 3 班。放学、周末还有寒暑假,她们俩经常一起玩。果果妈和蕾蕾妈也因为孩子成了好友,彼此经常交流育儿经验,互倒苦水,相互鼓励。

周六下午,蕾蕾和妈妈一起从外面回家,远远地看见果果和妈妈从单元门里出来,果果一脸不情愿,妈妈也是一脸不高兴,表情很严肃。很明显,两人看起来像是正在闹别扭。蕾蕾冲妈妈使了个眼色,蕾蕾妈立刻就明白了孩子的意思,一边走,一边跟果果妈打招呼。蕾蕾趁机拉着果果要去一边玩耍。蕾蕾妈便顺势拉着果果妈走向葡萄藤架下的长椅。

蕾蕾妈一边走一边问:"怎么了这是?出来散步还带着气。来来来,跟我说说,什么情况呀?"

果果妈用手拂去长椅上的落叶,坐下说道:"还不是为了让她多锻炼锻炼。一大早起床就在房间写作业,写完作业看书、撸猫,叫她到楼下走走,不听,叫了好几次,火大了。"

蕾蕾妈:"叫她不听,次数多了,的确会烦躁,那你是怎么跟她说的?"

果果妈:"上午她写完作业,我对她说今天阳光这么好,下去走走吧,她说好的知道了。然后就没动,直到吃中饭。中饭吃完,我又说吃完饭,正好去散散步,她说要先看会儿书,撸会儿猫,放松放松,一会儿再下去。我们家果果就是这样，你也知道，不喜欢动，一天到晚看书，我真担心她视力受影响。还有，她老是不动，跑步也跑不动，学校是要考体育的呀。"

"就是就是，近视问题的确让人担心，体育考试也是。后来呢，怎么就不开心了？"蕾蕾妈很自然地回应说。

果果妈："我又等了一会儿，眼看着太阳快下山了，她还没动静，就有点情绪了，直接推开门进去，把猫抱走，对她说'别撸猫了，赶紧下去散步，让猫咪也休息会儿，你要是老这么宅在家里不运动，要长胖的，回头跑步不及格就麻烦了'。我这一说，她就立马不开心了，说'要去你去，我不去'。"

蕾蕾妈："那怎么最后还是下来了？"

果果妈："我一看她生气了，赶紧说软话，让她陪我散会儿步，一会儿回来再和猫玩。就这样，她算给我面子，下来散步了。"

蕾蕾妈一边听一边笑："要是我这么说蕾蕾，蕾蕾一准儿也跟我不开心。五年级的孩子即将进入青春期，特别容易情绪化，因为大脑的情绪处理能力还没发育好。你担心果果的视力和身体素质，这很合理，可是你想想看，她在房间里看书撸猫舒舒服服，你直接推门进去，打断她享受美好时光，她能乐意吗？你用的语气是命令要求，而且还带着你的情绪，你说果果听了什么感受？现在的孩子都希望被尊重，涉及自己的事情都希望能够自己做主。尤其是青春期的孩子，本来愿意做的事儿，一旦变成父母要求做，可能就会逆反，一逆反就上情绪，结果家长孩子都不开心。退一步，就算是我们成年人，如果在果果的位置上这样突然被打断、被要求，会是什么感受？"

果果妈听了点点头说："的确也是，要我估计我也会生气。但我后面把姿态放低了呀，特地说她是乖女儿呢。"

蕾蕾妈说："是的，你后来说话的姿态是比一开始低多了，可是你想你这时候说的这个'乖女儿'是不是有代价？如果她承认自己是'乖女儿'，就得立刻放下手中的事儿，乖乖陪你去散步；如果她不下来，又变成不乖，也就是不好。这样她能舒服吗？"

果果妈听了蕾蕾妈的一番分析，一下子豁然开朗："对哦，你说得太对了。那你说，这情况，我该怎么说？"

蕾蕾妈略微想了想说："如果是我，我会跟果果说：'果果，还在看书呢？这会儿太阳还不错呢，我们一起下去散散步吧。'如果果果说不去了，那我就自己下楼散步；如果她说：'哎，我也想去，只是想把这点儿书看完再去，妈，你能等我一会儿吗？我就说好哇，大概还有几页要看多久啊？10分钟够了吗？我这么说首先是肯定她的状态，尊重她，然后明确地中性地表达我的期待。对于我的期待，我尊重果果有为自己选择的权利，然后，把时间约定具体化、客观化。这样，两个人都能清楚地说出自己的需求和选择，冲突也就不会有了。"

果果妈听完说："说得太好了，我希望果果能好好听话，前提是我自己要好好说话，受教了。孩子大了，的确要调整自己和她的说话方式，要把她当作大孩子来平等对待。"

蕾蕾妈立刻回应道："是的是的，孩子其实反而是我们的老师，我也是在和蕾蕾的互动中，不断学习成长。走吧，我们去看看孩子们玩得怎么样了。"

解析

从这个生活片段，我们不难看出，只要以尊重孩子为基础，采用合适的表达技巧，亲子关系就一定可以少踩一些雷，通过"好好说"让孩子感受到自己被尊重、被理解、被接纳，对亲子关系一定是有大益处的。案例里两位妈妈都有值得学习的地方，具体包括以下几点。

1. 尊重是交谈沟通的前提

案例中，当果果没有从妈妈的表达中感受到被尊重，本能地就起了情绪。后来虽然果果妈是有点讨好的成分，但果果多少感到被尊重，所以就听从了妈妈。蕾蕾妈看到果果和果果妈不开心，并没有当着果果的面询问怎么回事儿，也是对果果的尊重。中国家长容易受传统文化中的家长权威意识影响，和孩子说话的过程中容易采用命令和要求的说话方式，一时半会儿可能不会改变，但是，如果能够带着尊重孩子的觉察和孩子说话，交流效果可能会更好。

2. 理解和肯定

蕾蕾妈在和果果妈交流的时候，首先理解了果果妈的焦虑和担心，肯定了她对孩子的关爱，所以果果妈愿意听蕾蕾妈的开导。所以，如果果果妈能够首先理解和肯定果果看书和撸猫是她当下最想做的事儿，然后再提出建议，哪怕是要求，果果的接受程度都会更容易一些。毕竟愿意在家看书撸猫，也不是坏事。

3. 有关时间的约定要具体

果果妈和果果约定散步这件事儿的时候，用了模糊的"一会儿"。这样，在后期执行的时候，也就自然是模糊的，两三次未能执行，妈妈有情绪也很正常，可是，这情绪的产生有一部分原因是妈妈自己造成的。

4. 作为父母需要随时觉察自己的情绪，尽量避免带着情绪和孩子沟通

案例里果果妈把果果惹毛的沟通，显然是自己带着情绪，

所以不自觉地就使用了命令要求的语句。在说话的过程中，果果妈带着抱怨和焦虑的情绪，肯定也被果果准确地感受到了，所以果果用情绪对抗也属正常。如蕾蕾妈所说，青春期和青春期前期的孩子，大脑情绪管理能力尚在发展过程中，所以亲子沟通中控制情绪的主要责任在于成年的父母。

5. 允许孩子表达不同的意见

大多数父母都期望孩子能听自己的话，认为自己总是为孩子好，自己比孩子更有人生经验。当父母把自认为最好的建议告诉孩子的时候，孩子如果不接受，父母会有一种被拒绝的挫折感和失落感，如果本身是比较坚持的性格，甚至会产生愤怒的情绪。一旦情绪起来，原本愿望良好的沟通就转变为和孩子之间的情绪冲突，原本的目的自然是不一定能达到了，就算达到，可能孩子也只是迫于无奈。所以，作为家长不妨换一个角度看问题，自己的孩子迟早要走上社会，面对社会上别人对他(她)的要求命令，是否都只能遵照执行，是否可以说不？如果父母希望自己的孩子不是只会唯唯诺诺，那么，在孩子的成长过程中，也要允许孩子向父母说不。

📎 **建议**

很多家长对孩子寄予过高的期待，急于求成，孩子一旦做不到或做不好，家长就很容易陷入焦虑中，进而出现互动上的冲突，一般表现为指责、抱怨，或是其他消极的情绪。而这些行为对亲子关系是有百害而无一利的。

因此，家长需要建立一种长期稳固的意识，容许孩子的表现与自己的期待不一样，并且把注意力转移到如何帮助孩子达成预期。每当对孩子抱有极强的愿望和期许时，家长不妨通过下面的期待管理四部曲进行思考。

1. 期待的清晰度

"我期待孩子能……（期待达成的事项），我可以直接和孩子说么？同时，关于这个期待，我的孩子是否清晰知道？"

2. 期待的意愿度

"面对我的期待和需求，孩子的回应可以有'同意''不同意''部分同意，部分不同意'或'有条件同意或不同意'。如果真的没达成我的期待，我可以接受吗？"

3. 期待的能力度

"孩子知道了我的期待，也愿意去做，但实际上真的有能力去做吗？如果孩子不具备这个能力。我可以如何帮助他（她）呢？"

4. 期待的情绪处理

"如果孩子真的不符合我的期待或者没有这方面能力，我是否有权对他（她）表示失望或直接指责批评呢？"

TIPS

　　表达是体现个体语言素养的重要方式，温和的表达让人如沐春风，而生硬的表达会使人敬而远之。在家庭环境中，当家长在尊重并理解孩子的基础上，掌握了合适的表达技巧，会有助于营造融洽和谐的家庭氛围，建立更为和谐的亲子关系。

第二篇

保护孩子的成长要素

一、希望孩子自信，就要种下自信的种子

导言

　　自信的人由内到外散发着魅力四射的光芒。世界上没有哪一个爸妈希望自己的孩子自卑、怯懦，但很多父母也许没意识到，孩子的自卑、怯懦，很多时候都是父母给予的。很多孩子在父母的责备声中长大，父母却疑惑自己的孩子为什么生来怯懦，殊不知，很多时候是父母忘了给孩子种下自信的种子……

案例

　　琦琦(化名)今年上五年级，是一个漂亮乖巧的小女孩。从小爸妈就很重视她，给她报各种各样的兴趣班，给她买漂亮的衣服和饰品。琦琦也没有辜负父母，小小年纪

就考到了钢琴十级，擅长芭蕾舞，唱歌也很好听。但是琦琦的内心一直觉得很自卑，特别是上五年级后，她的成绩开始明显下降，父母对她的态度更加不满了……

一天，语文考试的卷子发下来，琦琦把卷子偷偷藏在书包最深的角落。但是琦琦妈妈借由帮她整理书包，翻出来折得皱皱巴巴的试卷。

"语文这次怎么才考了70分？我听晓静妈妈说晓静考了90多分，你怎么越学越差了？"琦琦妈妈看过试卷，生气地质问道。

"我……作文看错题了。"琦琦怯怯地回答。

"你就是不用心，做什么事情都不用心，写篇作文还能看错题目。叫你练琴又偷懒，叫你跳舞又总是说这里痛那里痛，什么事情都不用心做，只会找借口。"

"不是的，我只是……不会写这篇作文。"琦琦解释道。

"怎么不会写了，三四年级的时候会写，怎么上了五年级反而不会写了呢？"妈妈一边质问琦琦，一边翻看试卷的作文题，"请以'做一个自信的人'为主题写一篇作文，这有什么不好写的。"琦琦不知道怎么解释，默默地低下头。

琦琦妈妈翻看孩子的作文，只见作文的第一句写着，"我是一个自卑的人"。妈妈看完后迟疑了一下，询问道："琦琦，爸爸妈妈天天给你买好吃的好喝的，给你报那么多兴趣班，天天给你打扮得漂漂亮亮的，你怎么会觉得自卑呢？"

琦琦不知道怎么回答妈妈，但是内心深处，琦琦很想说一句："爸爸妈妈，你们可能忘了给我点自信。"

解析

从小省吃俭用的人，在成为父母后，往往以为给予孩子最好的物质支持能够给他们带来自信和幸福；从小成绩不好早早辍学打工的人，成为父母后，往往以为督促孩子考到最好的成绩能够给他们带来自信和幸福；从小埋头苦读而缺乏兴趣特长的人，成为父母后，会以为让孩子变得多才多艺能给他们带来自信和幸福……

实际上，自信和物质基础、成绩、才艺都关系不大。如果父母愿意改变一下自己的态度，往往能够给孩子带来满满的自信。

案例中的琦琦长得漂亮、性格乖巧又多才多艺，但是她内心却一直自卑而敏感。问题到底出在哪里呢？这可能与妈妈对待她的态度有关。

1. 过于苛责

孩子最初的自信来源于父母的评价。如果从小父母经常鼓励和夸奖孩子，孩子就会形成"我是好孩子"的自我认知；而如果父母从小经常苛责孩子，那么孩子就容易形成"我是坏孩子"的自我认知，并且在日常言行中，会不自觉地往"坏孩子"去靠拢。案例中琦琦的外在表现似乎是一个充满阳光的女孩，但是妈妈对于琦琦的评价却只剩下"成绩越来越差""做事不够用心"等评价。于是，不管琦琦会多少才艺，或者考多好的成绩，在爸妈的眼中，她能感受到的永远是"我是不够好的"，所以琦琦才会在面对"做一个自信的人"这个作文题目时不知道如何去写。

2. 用结果作为评价标尺

案例中，琦琦很害怕自己的卷子被父母看到，于是把它偷偷藏起来，但还是被妈妈发现了。可见妈妈非常关注孩子的每一次考试结果，虽然这一次琦琦没考好是有原因的，但是妈妈还是主观臆断是孩子不够用心的结果。这种情况下，孩子往往不敢表达也不知道如何表达自己内心深处的想法。如果家长过度关注结果，容易引发孩子对结果的恐惧，而这种恐惧，不利于他们用积极平和的心态去面对各种任务，甚至，会因为无法取得一个让父母满意的结果而采取逃避的方式，放弃参加各种任务，从一开始就避免不良后果的产生。比如一些厌学的孩子，或者一上学就说头痛、肚子痛的孩子。

3. 过度比较易导致自我价值感的缺失

"别人家的孩子"几乎是所有孩子在自信道路上最大的一道坎。一个从小成绩好的孩子，父母可能会嫌弃他（她）不如别人家的孩子勤快；一个从小能说会道的孩子，父母可能会嫌弃他（她）不如别人家的孩子成绩好……孩子最初认识到的自我价值基本是根据父母的评价而形成的。适度的比较也许可以激发孩子前进的动力，但是过度的比较只会削减孩子的自我价值感。案例中的琦琦妈妈早就打听到隔壁家孩子的分数，妈妈心中的不满被压抑着，等着孩子回到家的一刻就爆发出来了。但这个时候，她未必会想起来，隔壁家的孩子并不会弹琴，也不会跳舞。她这时想到的只有人家的成绩比自家孩子好。这个时候，琦琦在她眼里似乎一无是处，而妈妈一气之下的评价，使得琦琦同样认为自己一无是处。

建议

孩子最初的自信来源于父母日常生活中的评价和态度。父母的每一次肯定和鼓励都会在孩子心中种下自信的种子。父母都愿意给孩子最好的爱，也希望自己孩子是全天下最优秀的。但是，对孩子过高的期望很容易使孩子离自信和幸福的道路越来越远。从每个孩子诞生的那一刻起，父母对孩子最初的愿望就是健健康康、平安长大。但是，不知道从什么时候开始，孩子是长大了，可父母对孩子的期望也变得更大了。这些期望使得一些父母的眼神从一开始充满爱意逐渐变为挑剔和不满，而孩子眼里的光也渐渐消散，变得越来越不自信。那么作为父母，怎样才能给予孩子更多的自信呢？以下有几点建议。

1. 戴上"优点眼镜"，学会及时看到优点

有的家长来自比较严苛的原生家庭，沿用挑剔和苛责的方式来对待孩子。如果总是无意识地去找孩子毛病，长此以往对孩子的自信心将会造成较大的负面影响，因为问题是找不完的，人无完人，人难免会有小问题，当家长每天盯着小问题的时候，最后输出的只能是问题孩子。所以，想要养育优秀孩子，首要的就是佩戴一副"优点眼镜"。

因此，想要孩子变得自信，一定是父母发自内心的多加肯定和鼓励。父母首先要学会发现孩子的优点，并且时刻"复习"。为什么需要复习？因为父母看多了孩子表现好的地方就会习以为常，等到孩子表现不好的时候，就很容易只看到孩子的缺点。可以尝试将孩子的优点找个本子记下来，等孩子惹自己生气的时候多看一看，让自己能够用一种更积极、更客观的态度对待孩子。记录之前，请大家花 3 分钟的时间回忆孩子的 10 个优点。如果自己想不到，可以问问其他人，让他们说说孩子的优点，或者问问孩子自己。每个孩子都有自己的优点，前提是先摒弃盲目和他人比较的想法。如果总是和最好的"别人家的孩子"比较，那可能连孩子的一个优点都找不到。

2. 学会区分人与事，事情没做好不等于人不好

社会上有些事情只看结果不看过程，但是，在家庭教育中

除了要引导孩子适应竞争、适应社会外，更重要的任务是给予孩子充足的爱。所以，在家庭教育中，除了关注结果外，也要多看看孩子在过程中的付出，并及时肯定这些付出，引导孩子积极看待结果，这样，孩子才能以更自信的态度去面对未来的挑战。过多的指责会让孩子陷入"我不好"的心结之中，与此同时还会让他们陷入"我不值得被爱和被关注"的泥潭之中，导致他们不敢自信地去表达自我。比如，当父母看到孩子每天努力但学习成绩还没有起色时，先不要随意给孩子贴上诸如"不用心"之类的负面标签，因为这些负面标签可能会加重孩子对自身能力的否定，变得更加不自信。父母可以先肯定孩子的努力，或者肯定孩子表现好的地方，双方都先冷静下来，再一起寻找解决方案。

3. 善用"魔方法则"，发掘孩子的潜能，提升孩子的自我价值感

当然，要从根源上提升孩子的价值感，只靠空洞的夸赞是不足够的，需要具体能力和事件依托下的肯定才能真正提升孩子的自我价值感。

根据霍华德·加德纳的多元智能理论，每个人身上至少拥有以下8种智能，分别是语言能力、数理逻辑能力、空间能力、音乐能力、人际能力、内省能力、自然探索能力和生存智慧能力，每个人所擅长的能力不同。但是，现在很多家长会把成绩作为衡量孩子能力的唯一指标。名列前茅的人总是那么几

个，如果以这个为指标，那么可能超过 80％ 的孩子都要被认为是能力不足的人。但如果根据孩子的能力优势去有意识地培养并肯定他（她）的这项能力，比如有些孩子的数理逻辑能力不强，但是他（她）的语言能力很强，那么有意识地鼓励他（她）参加一些辩论赛等类似活动，假如他（她）能在辩论赛中表现优异，那么无须家长的任何夸奖，他（她）对自身的语言表达能力都会有极大的肯定，而这自然而言就形成了他（她）宝贵的自我价值，从而提升他（她）的自信心。

　　这里推荐一个让孩子可视化的游戏，就是我们的魔方。家长们都知道魔方是 6 个面的，没有人是 6 个面都优秀的，也没有人 6 个面都是糟糕的。家长不妨带着孩子一起制作一个成长小魔方，每个魔方的 6 个面分别代表"我的优点""我的缺点""我的擅长点""我的不擅长的点""我的进步点"，最后一个面留出空白，告知孩子这是我们的盲点面，可以通过收集别人的反馈来减少我们对自己的认知盲区。当家长和孩子能用 6 个面视角来看待自己的时候，自然就避免了看不到自身价值继而全盘否定了。

TIPS

　　美国学者盖瑞・查普曼在《爱的五种语言》一书中提及："在每一个孩子心里，都有个'情绪的箱子'等着被填满爱。当一个孩子真正感觉到被爱，他才会正常地成长。但是，当这个箱子是空的时候，孩子就会有问题行为，孩子们多半的问题行为是由于空箱子的渴求所激发……"因此，要想让孩子变得自信，首先我们得让孩子感受到来自父母真挚的爱。书中提及，除了肯定的言语外，我们还可以通过精心准备的时刻、交换礼物以及身体的接触来表达爱意。每天多给孩子一个拥抱和一个微笑，让孩子更多地感受到来自父母的爱，更多地感受到来自家庭的安全感，他（她）才更有勇气和自信去面对外面的世界，并且由内而外散发出充满爱的自信光芒。

二、学习目标和人生目标要关联，不能脱节

导言

许多家长都希望自己的孩子可以出人头地，学校一定要选好的，成绩一定要名列前茅。为了达到这些目的，家长会毫不吝啬自己的时间、精力、金钱，但可能孩子却并不领情，不但成绩没有起色，而且还对未来感到了迷茫，完全不知道努力的方向，觉得人生毫无意义，如同生活在虚拟世界。

还有一些孩子看起来很努力，却做了大量无用功，他（她）的努力只是做给家长看看而已。

如何让孩子的努力用到点子上，如何让孩子自觉产生追逐目标的动力，我们不妨从安安的例子上获得一些参考。

案例

　　安安(化名)今年 10 岁了，正在读五年级。为了让安安在学习上表现优异，家长真是煞费苦心，从小就给他安排了各种学科辅导，语文不好补语文，数学不棒补数学。"双减"政策后，虽然爸爸妈妈把他的学科辅导取消了，但是依旧非常重视他的学习。

　　但是，安安的成绩并没有如父母期望的那样步步高升，反而一直处于下降趋势，并且他通常对学习之类的事情不太在乎，但有时候又挺在乎。

　　一次学校作文课，安安兴冲冲地把作文交了上去，满以为可以获得大大的优，没承想却没有获得好的等级评价，孩子脑袋一下子就耷拉下去了，对什么都提不起兴趣。

　　妈妈首先发现了孩子的异样，关切地问："怎么了，感觉你最近状态不太对嘛，谁欺负你了?"

　　安安眼皮也不抬一下："没什么呀，我觉得上学一点儿意思都没有，整天学的都是什么乱七八糟的东西呀，真是一所垃圾学校。还是做古代人比较好，不用上学，整天写写诗喝喝酒游游山水，多美呀!"

　　妈妈心头一紧，孩子前几天还好好的，怎么忽然感觉厌学了呢? 五年级是多么关键的时期呀，马上就要小升初，要是在这个节骨眼出现什么状况，可是要影响升学的。

上不了好初中，就别指望好高中，没有好高中……

妈妈赶紧拉回思绪："你今天还有一些家庭作业要写吧，双减了，作业量也不是很多，写好了妈妈带你出去逛逛。"

孩子还是一动不动："做这些作业有啥用啊。老师说今天的作业想做的同学做，不想做的不做，没有说全班同学必须做，是选择性地做，我选择不做。"

妈妈瞬间感觉气血上涌……

也难怪，她和孩子爸爸的身体状态都不太好，他们没指望孩子知恩图报，只是希望孩子可以有安身立命的本领，现在孩子对学习这样无所谓的态度，将来怎么能有出路呢？

外公外婆赶紧冲出来阻止了要发作的妈妈。

孩子愣了一下，显然有点被吓住了："作业做不做有什么区别啊？好好的作文我交上去，写得多好哇，但也没有拿到好的等级。其他作业写不写也都是一样的，反正没啥好结果。"

🔳 解析

从安安的案例中，我们看到，他提交作业，把老师批改的等级当作了最终目标。如果没有获得想要的等级，就是目标没有达成。只因为一次很普通的作业，没有拿到期望结果，就导致安安难以接受。

只看重眼前目标，但是却没有确立长远的目标，这是很多孩子都会出现的现象。美国斯坦福大学教育研究所教授威廉·戴蒙通过观察发现，目标明确的青少年只占20%，而其余的要么是没有目标的疏离者（25%），要么是目标只是雏形的空想者（25%），要么是没有对活动意义深入研究的浅尝辄止者（30%）。

就像案例中的安安，他一直把目光放在了每次作业或测验的结果上，却好像并不明白，这个结果对他来说意味着什么。为什么会出现这样的情况呢？究其原因，主要受到以下几个因素的影响。

1. 内驱力的缺失

学习成绩只是检验学习成效的一个手段，并不是学习的全部。案例中的安安，并没有从学习中获得乐趣，而是把老师的评价当作唯一的评判标准。内驱力是一个人满足需要的内部动力，比如获得知识的乐趣、投入做一件事情的乐趣等，都属于内部动力。如果这个内部动力被转换成外部的奖励、表扬的话，就会造成孩子的行动倾向依赖于是否存在外部奖励或者外部奖励的丰厚程度，当外部奖励不足以调动孩子兴趣的时候，孩子就不愿意再从事这项活动了。

2. 日常生活缺乏意义感，目标不明确

孩子的缺乏目标感，多数源于家长没有将目标进行明确。

心理学家威廉·戴蒙在《目标感》一书中对目标感给出了这样的定义：为了完成对自我有意义，同时对他人、对世界有价值的事情时，产生的稳定且可概括的意图。作为家长，我们首先要思考，教育的目标是什么？安安完全不明白现在所做的事情，与未来的远大目标之间有什么联系。家长虽然一再强调好好学习，以后考个好初中，再进个好高中，最后考个好大学，然后找个好工作。好像这样不断地言传，孩子就可以明白学习的意义。但其实，这里的好工作并不是一个具体的概念，什么是好的工作呢？是工资很高的工作还是很轻松的工作？所以当孩子听到好工作的描述时，并不明确究竟是什么样的工作目标，这就使得孩子只能建立一个空洞的目标或者根本无法建立目标。

建议

1. 家长教育目标的反思

作为家长，我们首先要思考，教育的目标是什么？你觉得人生最重要的是什么？家长不妨借助下面生命之轮（Wheel of Life）重新梳理人生目标。

用圆代表目前的生活，分成 8 份来概括生活中最重要的 8 个方面，从 1 到 10 对每个方面进行评估，最后把所有的点连起来，成为一个轮。每个方面得分都较高且均衡，才会收获一个大而圆满的全速前进的生命之轮。

你可以根据自己的意愿来定义每个维度，也可以参考比

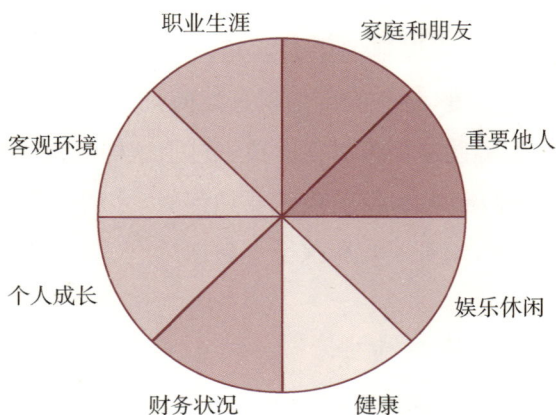

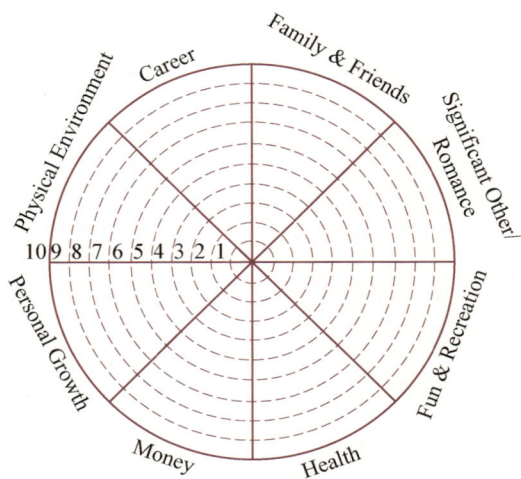

图1　生命之轮(Wheel of Life)

较通用的 8 个维度：个人成长、财务状况、健康、娱乐休闲、重要他人、家庭和朋友、职业生涯、客观环境。

其次，你希望孩子过上怎样的人生？

参考我们刚刚提到的生命之轮，在为孩子规划的生命之轮中，有哪些维度，每个维度的得分如何？

再次，有哪些路径可以帮助孩子过上这样的人生？

在每一个维度上，目前孩子要如何做，才能一步步收获这样的人生之轮，家长不妨和孩子一起探讨。

2. 家长的引导很重要

日常生活中，家长应该善于引导孩子，不妨这样尝试一下：

步骤一：找到孩子一个兴趣点。每个孩子都是会行走的十万个为什么，对周遭一切充满了好奇，也充满了兴趣。比如案例里的孩子，他的兴趣点就是喜欢植物。

步骤二：联想到一个未来的职业。联想社会上有哪些与植物相关的职业。

步骤三：收集这个职业人的真实工作状态。线上线下多渠道了解关于这个职业人的工作状态，可以是文章、图片、视频，争取参加实地考察，实实在在感受职业人真实的一天。

步骤四：罗列成为这样的职业人的必备技能，并全家一起讨论。有了兴趣作为出发点，并且明白了作为一份职业的工作实况，孩子依然愿意朝这个方向发展，那就可以着眼于现在，就如何可以成为这样的职业人，需要哪些必备的技能、证书等开始起步。

TIPS

　　孩子重视成绩，是每个家长都想看到的。但更重要的，是把成绩作为途径，而非最终目的。把学习当作一件有意义的事情来做，是为了自己的长远目标来服务，而非简单的数字。

三、呵护好孩子珍贵的好奇心

导言

　　好奇心是个体对世界的探知欲，当家长懂得用技巧激发孩子的好奇心、肯定他们的探知欲、鼓励他们主动探索时，就能激发孩子主动看世界的欲望。

案例

　　奇奇（化名）是一个 7 岁的小男孩，性格活泼开朗。他刚刚成为一名小学生不到 2 个月。在同龄家长都在为教育孩子的汉语拼音和笔画书写而着急的时候，奇奇早就主动开始缠着让妈妈教他读书、写字，这样的主动性让其他家长羡慕不已。奇奇妈妈其实也没有刻意引导，放任奇奇自由探索自己感兴趣的知识。

　　周六上午 10 点，妈妈带着奇奇去买菜。一路上，奇奇的小嘴巴一直问个不停，就像一本移动的《十万个为什么》。"妈妈，树叶为什么有的是黄色？有的是绿色？有的却是黄绿相间的？""妈妈，你看蚂蚁在搬我刚才掉在地上的芝麻，看起来它好像搬不动啊。哎呀，我看到来支援它的小伙伴了，两只蚂蚁搬就省力多了。""天冷了，树上没有果实了，小鸟冬天吃什么呀？"当然，妈妈的回答也特别有艺术："奇奇，来，用你观察力极强的小眼睛看看，那些黄的、绿的以及黄绿相间的叶子，都有什么不同啊？""哇，我发现我们奇奇是一个很善良的孩子呢，只是你问的这个问题我也没有答案呢，要不妈妈先帮你把它们的照片拍下来，回去一块儿找答案？""奇奇，我们时间不够了，来不及观察蚂蚁搬芝麻了。如果你想观察的话，我们在网上买个蚂蚁宫殿，在楼下捉几只蚂蚁回家养养呗，这样你就可以尽情观察它们是如何搬食物了，还可以看蚂蚁怎么建房子呢。"整个过程温馨又和谐，即使奇奇的要求不能被及时满足，他也能和妈妈心平气和地沟通，很快达成共识。

　　等买完菜回到家，奇奇看到爷爷正用拖把蘸水在地上写字，立刻飞奔过去，要跟爷爷一起写。爷爷先让奇奇握住他的大拖把，手把手教他如何用力、如何蘸水，然后给奇奇找了一把小拖把。奇奇用自己的小拖把在地上写了几乎快缩成一团的"国"字，但围观的爷爷和妈妈都没有嘲笑奇奇，反而眉开眼笑地夸奖道："奇奇写得真棒，如果以后再多加练习，一定可以成为超级棒的书法家。"

随后，妈妈做好午饭，就开始完成答应奇奇的任务，先是把刚才路上的树木照片打印出来，然后网购了一个"蚂蚁宫殿"，接着就开始了浩大的图片比对工作，从树干、树叶、果实以及爱吃果实的小鸟等各个因素，逐个对照家里的《植物大百科》。

因为有这样积极的鼓励、善意的引导，以及发自内心的表扬，孩子自然就会沿着自己的兴趣爱好发展。在奇奇眼里，世界是那么有趣，知识是那么好玩，世界那么大，"我想去看看"！

解析

从上面的例子，我们可以清楚看到，鼓励孩子主动学习，最重要的就是积极回应孩子的疑问，学会观察孩子，了解他们的兴趣爱好，用他们喜欢的方式，去探寻各自感兴趣的知识。

目前，在教育重心转向家庭内部的时候，如果家长可以做到以下几点，就一定能够培养出愿意主动学习的好奇宝宝。

1. 保护孩子的好奇心

积极回应：好奇心是孩子了解世界的窗口，只有积极回应孩子的提问，才能把他们探索世界的主动性调动起来。比如奇奇妈妈说的："用你观察力极强的小眼睛看看,那些黄的、绿的以及黄绿相间的叶子,都有什么不同啊?"

绝不打压:小时候孩子的好奇心是最旺盛的,如果这个时候好奇心被打压,孩子就会形成"好奇心不如应付考试重要"的想法。慢慢地,等家长发现孩子学习不主动,再想办法去调动"探知欲"的时候,可能就会面临种种挑战。

2. 陪伴孩子一同探究

当孩子询问一些超出家长认知和理解范围的问题,可以首先鼓励孩子的好奇心和探究欲,然后大方承认这个问题超出了爸爸妈妈的知识范围,可以先记录下来,稍后和孩子一起去找答案。根据各个家庭不同的情况,相信家长们都会找到适合与自己家孩子说话的方式和语气。

3. 传授孩子方法技巧

当孩子对家长正在做的事情感兴趣时,先要鼓励孩子尝试的勇气,然后为孩子传授做此事的技巧,通过演示、手把手地教,到自己独立尝试。比如案例中奇奇的爷爷,在发现奇奇对他用水写字感兴趣的时候,先教他如何拿拖把用力,然后让奇奇慢慢体会,领悟出自己的方法以后,然后再给孩子一把适合他身形的小拖把,鼓励他自己尝试。即使奇奇写的字并不完美,但爷爷发自内心的鼓励很能满足孩子的成就感。接着,着重强调一下练习的重要性,给奇奇一个肯定能行的期待——"一定可以成为超级棒的书法家"，孩子就能理解到："我现在写得不好，是因为我练习得少，只要多写，就一定会成为书法家。"

建议

1. 鼓励孩子进行收集

奇奇妈妈和爷爷的语言和行为为我们树立了一个很好的示范。除此之外，家长还可以借着孩子的好奇心，顺势进一步促进孩子的思维发展。一种方式就是鼓励孩子建立自己的"宝藏库"。低龄段的孩子喜欢发现和展示自然收藏品，包括贝壳、松果、树叶、橡子、花籽。学龄儿童偏向更加复杂的自然收藏，如矿物、化石、鸟类羽毛、昆虫。学龄儿童还喜欢创造，多元文化玩偶、运动卡、汽车模型、微型玩具等个人收藏。通过收藏，孩子可以有机会观察藏品的细节并比较异同；通过收藏，孩子可以用自己的创造力来为藏品命名；通过收藏，孩子可以建立"创造一个系列"的美感。

2. 做法举例

明明（化名）是一年级小学生，这天，妈妈在他口袋里发现了几块不同颜色的石头，问道："好漂亮哇，你在哪里找到的？"明明自豪地说："草丛里捡的。"妈妈顺势说："这么好看的石头，我们给它们准备一个漂亮的家吧。"于是，妈妈准备了一个透明的盒子，专门收纳明明的石头。同时，妈妈也开始留意明明捡石头的行为。慢慢地,她发现没有一块重复的石头,看来,这小家伙挑石头还有他自己的标准。在询问了明明捡石头的目的后,妈妈就开始了帮助明明为石头命名。两人走访了各大地质博物馆、拜访了名校的地质学教授、查询了地质百科全书,历经两年,把一个只会在草丛里捡石头的懵懂小学生,培养成一名对各种矿石如数家珍的"小地质学家"。现在的明明,已经和一位地质学教授成了忘年交,两人还经常一起研究各色矿石。

TIPS

　　我国学者周国平曾说:"孩子是天生的哲学家。"孩子的好奇心是在一次次的兴趣体验和鼓励互动中逐步建立起来的。法国儿童心理学家弗朗索瓦兹·多尔多女士认为,"大人和孩子之间需要平等的交流"。家长可以带着尊重,与孩子在情感和语言上多一些交流和回应,适当使用一些沟通表达技巧,帮助孩子发现自身的力量。相信孩子面临的问题,会在一问一答中,自动显现出答案。

四、父母包办一切，孩子自然躺平随便

俗话说"懒妈出勤儿"，懒惰的妈妈往往能养出勤快的孩子。也就是说，如果希望孩子能够学会独立思考，爸妈就要尽量"懒"一些，避免替代他们思考，给予他们更多思考的空间和机会。道理一听就会，但实际上，当看到孩子起床时磨磨蹭蹭，你能否忍得住等他（她）自己慢慢挑选衣服？在面对孩子疯狂地撒娇求助下，你能否忍得住等他（她）自己寻找解决问题的方法？在孩子向你倾诉所遇到的困难时，你能否忍得住不把你的经验直接告诉他（她）……

小丽（化名）妈妈遇到了小秦（化名）妈妈和小秦，可爱又活泼的小秦一直是小丽妈妈心中优秀的别人家的孩子。

"小秦啊，你今天的衣服搭配得真帅气！"小丽妈妈主动和小秦打招呼，并夸赞道。

"谢谢阿姨，我也觉得很帅气。"小秦自豪地回答。

"妈妈可真会给你搭配呀！"小丽妈妈道。

"这衣服都是他自己挑的，一天天的，可有自己想法了。"小秦妈妈在旁边解释。

"真的吗？这些衣服都是你自己选的呀？这么有主见！"小丽妈妈不由感叹，"小秦妈妈，你家孩子真是好聪明，脑子好灵光哦！不像我家小孩，在家啥也要我帮忙，什么都要问我，这也不会，那也不会，愁死我了。"

"小丽也很可爱很聪明啊！主要是小秦妈妈你太能干了，什么都会，你家孩子自己就不用操心了。"小秦妈妈回应道。

小秦妈妈一句话点醒了小丽妈妈。小丽今年都上三年级了，按理说早就具备生活自理的能力了，但是妈妈为了节省时间或者提高效率，经常会帮小丽做很多事情。在小丽早上磨磨蹭蹭起床时，妈妈已经把小丽要穿的衣服提前准备好整整齐齐地摆在床边，然后花很长的时间催促她穿衣起床。有时候小丽还不领情，说不喜欢橙色的衣服，小丽妈妈只好急急忙忙再找一件蓝色的套在她身上，可小丽还是一脸不高兴。晚上做作业时，小丽妈妈总是在旁边一直陪着，每当发现小丽有一道题写错了，妈妈就立马指出，还一边说小丽粗心，没有检查作业的习惯。每遇到一道不会的题目，小丽就马上就转过头去问妈妈怎么做。

小丽妈妈想到这些就发愁，但又不好意思说出来，只能无奈地回应小秦妈妈："我就是操心的命啊，我家的孩子，就两样不会，这也不会，那也不会，什么都要我来帮她想办法。要是她能像小秦这么聪明伶俐，我就乐得清闲喽。"

三　解析

为人父母总是免不了操心，"养儿一百岁，长忧九十九"。但是过度操心，甚至过度帮孩子代办事情，有时候不但不能减轻孩子的担忧，还会阻碍孩子独立思考能力的发展，让孩子成为精神上的"妈宝"。而一些父母常挂在嘴边的"我的孩子这也不会，那也不会，笨死了"，有时候他们的孩子未必真的很笨，可能只是缺乏独立思考的能力。比如案例中的小丽未必不聪明，只是缺乏一些独立思考机会和空间。

1. 着急替孩子做决定

生活中常常会发现这么一个现象，越催促的父母养出来的孩子越加拖拉。孩子的动手能力本来就没有大人熟练，加上遇到一些事情是他们被迫去做的，他们就会用拖拉以示抵抗。如果你叫他们去迪士尼乐园玩，孩子可能立马穿上鞋子一个箭步就冲出家门了。而遇到孩子拖拉的时候，有些父母就会急急忙忙地帮孩子完成所有事情，孩子也就不需要思考，也不会去思考，因为他们知道父母会帮自己全部搞定。比如案例中小丽对衣着其实还是有自己的偏好，但是妈妈为了让孩子迅速完成穿衣任务，也不问她意见，随便套上去就当完成了。于是孩子失去了自己选择衣服的机会，也失去了思考自身穿着的机会。

2. 没有充分询问和倾听孩子的意见

案例中的小丽妈妈有听到孩子不喜欢橙色衣服的意见，这点不错，起码接纳了孩子的意见，但是却没有进一步询问孩子的想法，那小丽到底喜欢什么颜色的衣服呢？我们不知道，小丽也没机会表达，妈妈就把自以为好看的衣服给小丽套上了。这是典型没有给孩子独立思考机会的例子。父母常常觉得自己吃过的盐比孩子吃过的饭还多，自己的生活经验丰富，而且思考的速度更快，所以很多时候就不自觉地替孩子做了自以为正确的决定，却没有考虑孩子是否真正满意，更没有引导孩子去思考自己真正想要的是什么。慢慢的，孩子自己也不愿意去独立思考，习惯依赖父母，凡事都要问过父母意见才敢去做。

3. 过度监督，孩子缺乏独立思考的空间

这个案例中，让小丽妈妈困扰的事情还包括小丽写作业时总是动不动就问妈妈，妈妈一直待在小丽旁边监督她写作业，看到有做错的题目马上打断并纠正小丽，这可能就是小丽做作业拖拉且动不动就问妈妈的主要原因。因为小丽知道妈妈一直在旁边看着，只要自己一做错或者做不好妈妈就会马上纠正。因为害怕写错，所以小丽做作业时就变得小心翼翼，即使知道正确答案也不敢轻易写上去，怕写错了又被妈妈说，迟迟疑疑。她在做作业时没有自己独立思考的空间，根本等不到全部做完之后再检查，因为妈妈已经在旁边进行同步检查了。然而毕竟还是孩子，他们不可能一生下来就把事情做得十分完美，也不可能听了老师一节课就把作业做得漂漂亮亮。过度的监督容易使孩子失去独立思考的空间，也不利于孩子培养元认知的能力。

建议

那么，作为父母该怎样帮助孩子培养独立思考的能力呢？以下有几点建议。

1. "眼不见为净"——给予孩子独立思考的时间和空间

对孩子来说，很多事情都需要在跌跌撞撞的摸索中慢慢

学会怎么判断和决策，所以他们在做决定时，势必会比大人更慢一些。因此，在日常生活中，我们应当给予孩子更多的思考时间，比如让他们想好自己想要穿的衣服，让他们自己决定先做哪科作业，等等。

但有时候，看着孩子拖拖拉拉的样子大人很容易越俎代庖。建议家长尽可能将自己置身事外，本着"眼不见为净"的原则尽可能不去干涉孩子自己的事情。比如当孩子做作业时，尝试让他们自己写一段时间，让孩子适当独处，让父母中比较没那么焦虑的一方去指导孩子，夫妻双方用暗号（如"亲爱的，我们出去走走"或者"你好像忘了做一件事"）提醒对方先让孩子自己思考而不是直接着急帮忙解决……也许，一开始你会发现孩子解决得并不是特别好，但假以时日，他们一定能找到最适合自己的解决方法。

2. 启发式提问引导孩子自行思考

依赖是人的惰性。如果孩子每次请求帮忙大人就马上答应，很容易让孩子养成依赖的习惯，就丢失了让他们独立思考和解决问题的机会。所以，当遇到一些事情孩子请求父母帮助时，我们可以先鼓励他们让他们自己先想想办法，实在想不出来我们再去协助。利用启发式提问激励孩子自己思考。比如"你先自己想想看有什么办法解决好吗？""为什么你会感到难过（生气）呢？""你觉得他为什么会这样做呢？""如果你是他，你会怎么做呢？"……

利用启发式提问，引导孩子慢慢学会自行思考。在这个过程中，他们独立思考和探索的能力会渐渐加强。有时候，他们的回答甚至会出人意料，更有创意。

3. 及时肯定孩子独立思考的成果，巧用"独立果实"

小学阶段的孩子充满想象力和诗意的气息，很多时候其实小孩子已经拥有自己的想法以及解决问题的方法，但是说出来后被大人当作玩笑跳过，或者被轻易否定。这样容易使孩子失去自信，慢慢失去独立思考的能力。所以，当父母看到孩子稚嫩的解决方法时，暂时抛掉完美主义的视角，只要孩子的解决方法确实有一点小作用或者比他们原先的做法有进步时，就要及时给予鼓励和肯定，比如"宝贝你的想法真有创意""你这方法爸爸都没想到呢""宝贝你这次做得比上次更好了"。

另外，我们还可以运用"独立果实"加深孩子对自身能力的认可。可以在家里画一棵树——"独立树"，树干上写下孩子的名字。然后准备一些果实形状的便利贴作为"独立果实"，当你发现孩子成功独立思考并完成一件事情时，就可以把它及时写在"独立果实"上并贴到"独立树"上面。这样可以及时肯定孩子独立思考的成果，并激励孩子以后更加愿意独立解决问题。此外，父母还通过独立树直观感受到孩子成长的点点滴滴。

TIPS

　　哲学家黑格尔说过："人是靠思想站立起来的。"作为父母，除了需要教导孩子学会走路以外，也需要教会他们在精神上也"站立"起来，只有这样，他们以后才能在社会上独立自强，茁壮成长。因此，在他们少年时期，我们需要适度"偷懒"，给予孩子更多独立思考的空间与机会。这样，等他们长大以后，我们才能更放心地放手让他们展翅翱翔。

第三篇

培养良好的心理韧性

一、允许孩子表达愤怒，理解孩子的愤怒表达

人的情绪是丰富多彩的，每个人都会有喜、怒、哀、乐的情绪体验，孩子也一样，只是孩子更容易把这种情绪外显出来。就好像"愤怒的小鸟"，为了报复偷走鸟蛋的小猪，鸟儿不惜以自己的身体作为武器，仿佛炮弹一样去攻击小猪的堡垒，孩子也会在愤怒下贸然行动。愤怒情绪可以说是本能的，但管理情绪却需要后天学习，而孩子对情绪的管理，首先来自于模仿家长处理情绪的方式。所以，如何应对孩子变身"愤怒的小鸟"，对于孩子以后如何处理自己的情绪至关重要。

案例

昊昊（化名）是个9岁的男生，在上小学三年级。他和

爷爷奶奶、爸爸妈妈一起生活，怎奈父母工作忙，常常忽略了陪伴孩子。好几次，一家人约好周末出去玩，父母却因为临时收到工作通知失约了。

最近，爷爷奶奶发现昊昊的情绪特别反常，常常赖床不想上学，还耍脾气。爷爷奶奶疼爱孙子，起初还帮他请假，后来几天越催促孩子去上学，昊昊就越不肯起床。爷爷奶奶越规劝，孩子脾气越暴躁。当爷爷奶奶控制不住责备昊昊时，他甚至搬起小板凳对着老人……

好不容易连哄带骗把他送进学校，老师又反映昊昊上课注意力不集中、很多小动作，和同学经常起冲突，还时常说自己肚子痛，要请假回家。

等到昊昊放学后，督促写作业又让二老头痛不已。因为文化水平原因，很难辅导孩子，只能"催盯吼"。昊昊经常作业写到一半就发脾气、摔课本，要求看电视。爷爷奶奶为了哄孩子，会允许其看一会儿电视。但时间一长发现昊昊看了电视更不想写作业了，只能禁止，反而导致昊昊变本加厉地发脾气。

爷爷奶奶无计可施，只能让爸爸回来管教。虽然爸爸百般劝说，孩子还是不肯去上学，脾气仍然暴躁，不愿沟通。爸爸怒火中烧，准备动手的那一刻，看到孩子恶狠狠的小眼睛，不禁心中一颤：昊昊这是怎么了？原来的小天使怎么变成了小恶魔？

解析

从上面的案例中我们看到，昊昊的愤怒情绪更多是通过外化的行为表现出来的。具体表现在行为上，如赖床，不上学，摔东西，撕课本，与同学、长辈冲突等；表现在语言上，即大喊大叫；表现在生理上，即肚子痛。同时，我们也发现，昊昊的不满情绪是在逐渐升级的，从一开始赖床的烦躁，到逃避写作业的暴躁，最后上升到勃然大怒，诉诸暴力。那么，为什么会出现这样的情况呢？

1. 孩子是在用愤怒情绪表达对父母的不满

案例中，昊昊内心很渴望父母的爱。所以当父母事先作出承诺，而后失信时，孩子一开始会不满，次数一多，且父母没有向孩子道歉或者解释，孩子内心就会生出愤怒。这种愤怒是需求得不到满足的表达，正如心理学家萨提亚提到的"冰山理论"：孩子外在的行为情绪是浮在水面上的冰山，只占据了一小部分原因，其真实原因更多隐藏于水下，且是绝大部分。昊昊发脾气、无理取闹等愤怒行为，其真实原因可能是觉得受了委屈，觉得父母不够爱自己。孩子希望得到父母更多的关注，只是不知道如何用语言来表达。

2. 挫折也会引发愤怒的情绪

案例中的昊昊，常常见不到父母，其实是一种爱而不能的

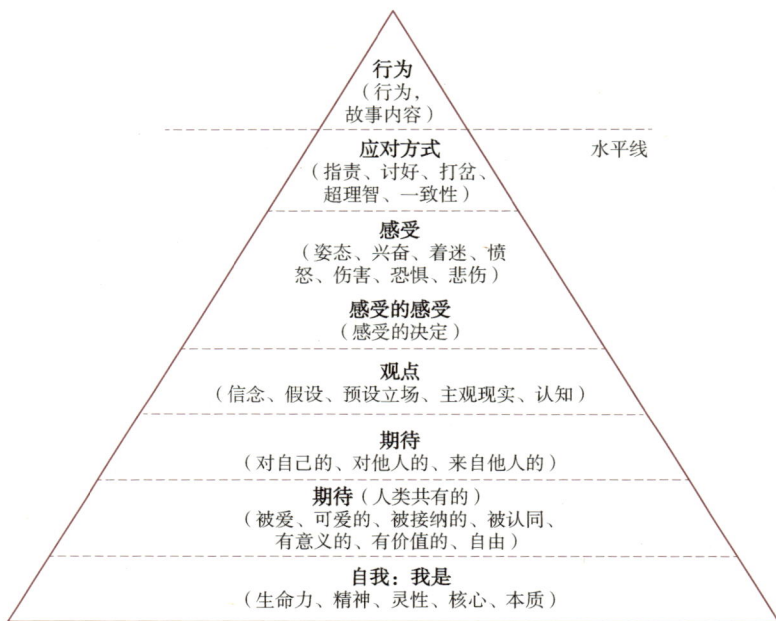

图2　个人内在冰山图

挫折。同时，当昊昊在学业上遇到困难，爷爷奶奶又辅导不了时，昊昊就会生出愤怒的情绪，迁怒于作业或者课本。

　　而面对孩子挫折，爷爷奶奶的处理方式是转移，即通过转移注意力（看电视）来解决，但是对于昊昊来说，他依旧没有学会如何处理挫折。久而久之，孩子要么对自己的能力产生怀疑，导致不自信；要么就是试着把责任推给外界，以维护个人的自尊。

3. 情绪越压抑，表现越反抗

　　每个人可能都会有这样的体验：当你特别愤怒时，如果此刻有人让你不要愤怒，会让你感觉自己缺乏控制力；或者视这个愤怒为毫无道理，会让你觉得不被理解，由此生出更强烈的愤怒。

对孩子来说，在前一种情况下，就会变被动为主动愤怒。当家长采取打骂方式来压制孩子的愤怒时，孩子反而会更加暴跳如雷。也许在昊昊心里，他会觉得"既然你说我不乖，那我就坏给你看"，最后的结果就是适得其反。

4. 当愤怒情绪得不到宣泄和理解时，就会产生情绪内化

每个人都会有愤怒情绪，情绪也不是一成不变的，愤怒情绪总会恢复平静。但是，当孩子经常处于愤怒中，而又无法得到发泄和理解，那么孩子慢慢就只能内化情绪，逐渐转变为躯体症状，就像案例中的昊昊，在学校中会说肚子痛。当孩子有愤怒情绪时，引导他们做出正确的情绪表达，更有利于孩子的身心健康发展。

建议

人的情绪是本能的，情绪的调节需要通过学习来掌握。对于孩子来说，父母长辈的回应就是最好的示范。

1. 三步情绪转化法

每个家庭成员都是孩子学习的榜样。相比于说教，家长

的行为对孩子的影响更大。父母如何表达或者调节自己的情绪，孩子会看在眼里、记在心里，尤其是处于愤怒中的孩子，对父母的反应更敏感。

所以，当孩子产生愤怒情绪时，部分父母也会受其影响，会觉得"我这么辛苦养育你，居然还对我发脾气"，也许还会掺杂委屈、不解、挫败等各种情绪，此时，家长若被负面情绪控制，不利于引导孩子的愤怒情绪。

了解孩子愤怒的真实原因，父母可以通过"三步情绪转化法"，调节自己的情绪，在自己学会后再教给孩子。

表1　三步情绪转化法

第一步	首先体会当下的负面情绪，给自己的负面情绪打分，1—10分，1为最弱，10为最强
第二步	使用情绪降温急救包，如： 深呼吸几次；离开当下场景；站起来活动一下等 ＊情绪降温急救包：个体用于紧急处理强烈情绪的工具，家长和孩子可以一起探索适合自己的，能帮助降温情绪的方法
第三步	再次评估自身的情绪分值，1—10分，观察一下目前自己的负面情绪是否有所缓解

2. 情绪探测器，识别孩子愤怒背后的冰山

当通过"三步情绪转化法"缓和家长自己的情绪后，接下来仔细思考一下孩子愤怒背后的需求到底是什么。比如，可以通过猜测的方式，不断向孩子反馈确认，也可以尝试鼓励孩

子讲出愤怒背后的原因。具体话术可参考："我想想，我们家昊昊是不是哪里不舒服了？才想睡懒觉？""昊昊是不是完不成作业，才不想上学的？"

通过孩子的回答，家长可以有针对性地答疑解惑。如果有家长做不到的因素，就一定要承认自己的不足，并想办法弥补，设法取得孩子的理解与信任；若孩子的认知或理解有偏差，就一定要引导孩子建立正确的观念，进而疏导愤怒情绪，这样会更有利于了解孩子的健康成长。

通过上述一系列引导方式，父母知道了孩子的真实需求，就可以有针对性地进行回应。更重要的是接纳、安抚孩子的情绪，同时也是在向孩子做示范。如果家长真的做错了，不要羞于道歉。积极道歉反而会让孩子更加信服你。当孩子情绪平稳后，可以找机会和孩子一起讨论，如何更合理地表达愤怒的情绪。同时，和孩子约定清晰的规则，比如"不准撕作业"等。

TIPS

《应对孩子的愤怒与攻击》一书的作者贝里·布雷泽尔顿讲过："父母帮助孩子学习处理愤怒的情感，把攻击性的诉求转化为建设性的行动，这些都是孩子持续一生的功课。"很多时候，父母在处理孩子情绪的同时，更需要先调整好自己的情绪。养育孩子的过程也是和孩子一起学习的过程，正确的方式方法，是孩子健康成长的基础和保证。

二、成长必然经历失败，如何化失败为成长

导言

大多家长都期望孩子在学业方面成绩优异，在综合素质方面也可以出类拔萃。有些孩子的确成了众人眼里的"别人家的优秀孩子"，但同时也成了"输不起"的孩子。其中，有的表现为过于看重成败结果，一旦失败，就会大发雷霆；有的不惜投机取巧只为得到一个好的结果；有的因为畏难，佯装不感兴趣，选择逃避或放弃。

各位家长，你家里有"输不起"的孩子吗？

案例

浩浩（化名）今年8岁了，在重点小学读二年级。望子成龙的爸妈在浩浩身上投入了大量时间，从幼儿园开始就

给浩浩报了兴趣班，找最好的老师给浩浩进行各种辅导。每当浩浩取得好成绩的时候，爸爸妈妈就会答应他一个要求或者满足他一个愿望，以此来鼓励浩浩继续努力。在学校里，浩浩一直都是品学兼优的孩子，不仅学习成绩优秀，而且积极参加学校举办的各种活动，经常得到老师的表扬，浩浩爸妈很为他感到骄傲。

最近，浩浩报名参加了学校举办的踢毽子大赛，为了在比赛中获得优异的表现，浩浩每天放学回家都会花上半个多小时来练习踢毽子，周末也随身带着毽子，不论去哪儿都会抽空踢一会儿。就这样练了两个多星期，浩浩一分钟能踢到20多个，对于二年级的小学生来说，已经是很不错了。学校正式比赛前，班级里组织了一次热身赛，这天早上浩浩带着满满的自信离开家门，放学回到家时却是满脸不高兴。妈妈见状便问："浩浩，看你今天不太开心呢，发生什么事了吗？"浩浩说："气死我了，今天小智踢了36个，我才踢了24个，我比不过他！"妈妈立马安慰道："没事的，你已经踢得很好了，而且你和他之间相差也不大，再努力一点就可以比过他了。不要灰心，你要相信自己是可以的。"没想到，浩浩听了妈妈的话反而更生气了，一边从书包里把毽子拿出来丢到角落里，一边气鼓鼓地说："没用的，我根本就比不过他，有什么用，我不参加学校比赛了！"边说边往自己的房间走。妈妈继续安慰："没有他踢得多也没关系，就算你踢毽子不如他，但是你学习比他……"没等妈妈把话说完，浩浩就"嘭"的一声关上了门，任凭妈妈怎么敲门也不开。

面对这样的情况，妈妈有点不知所措，心想自己已经很耐心地开导他了，为什么没能安慰到浩浩，反而让他的情绪更糟糕了，而且他为什么会这么在乎输赢呢？妈妈想起浩浩小时候和爸爸玩游戏，如果输了就会哭闹，只有爸爸故意输给他才会止住哭声。现在在学校里没人让他，如果输了就要放弃，以后可怎么办呢？

解析

从上面的案例中，我们可以看到，无论是小时候玩游戏，还是现在面对各种竞争挑战，浩浩都有非常强烈的获胜意愿。这种好胜心一定程度上给他带来了前进的动力，帮助他成了学校里品学兼优的孩子。但是，当他无法获胜，这种好胜心就会产生负面情绪，甚至发展为行动上的退缩和放弃。看到自己的孩子心情不好，没有不管不问，而是立刻安慰开导，这种积极态度是家长们值得学习的。然而，我们也看到在这个过程中，妈妈虽然努力地想要开导孩子，但却事与愿违，这可能有以下几个原因。

1. 急于理性说服，缺少情绪共情

浩浩这样好胜心强的孩子，在失败的时候会产生强烈的

负面情绪，并且容易沉浸在情绪状态里。虽然我们经常用"没事的"来安慰他人，但妈妈在浩浩明明心里"有事"的时候说"没事"，浩浩可能会觉得这是妈妈对自己感受的否定，是妈妈不懂自己的感受、不理解自己的难过与伤心的表现。当浩浩首先感受到的是否定和不理解的时候，不管妈妈怎么说，浩浩的情绪非但不会平复，反而更加容易激动。如果妈妈和浩浩在情绪感受上进行连接，同理同情他的情绪感受，例如"浩浩，你比不过小智，是不是觉得很意外，自己都努力练习这么久了，结果还输了，觉得很难过"，那么浩浩会觉得自己的情绪被妈妈感受到了，接下来可能就会愿意听妈妈开导。

浩浩妈妈急于理性地开导孩子的原因可能和广大妈妈一样，见不得孩子闹情绪，孩子闹情绪自己心里会不舒服，也可能正因如此，才会在浩浩小的时候，用故意让浩浩赢的方式来"立竿见影"地安抚孩子的情绪。

2. 幼年时的输赢体验缺乏多样性，无形中强化了只能赢不能输的心态

浩浩小时候和爸爸妈妈一起玩，如果输了会伤心难过，这对于年龄小的孩子来说很正常，相信绝大多数的家长都遇到过相似的情况。但是浩浩的爸爸妈妈一直用故意输给浩浩的方式来安抚浩浩的情绪，这种方式虽然能够快速平复孩子当下的心情，但从长期来看，这会给孩子造成一种他总是会赢的假象，并让浩浩产生"输了就哭闹，只要哭闹，就会赢"的认知。

当孩子慢慢长大，逐渐接触到更加复杂的环境和更具有挑战性的难题时，再也没有人会像父母一样故意输给他，那时候他就可能会遭遇巨大的挫败感，面对困难时选择退缩。

当然这并不是说家长和孩子玩游戏的时候不能让孩子赢，而是建议家长不要行动单一化，更不要只是为了安抚孩子而让孩子赢。家长要让孩子在安全的环境中充分体验竞争性的游戏就是有输有赢，且输赢的滋味都要尝尝。

3. 家长无意间强化了只有赢才有用，输了没用的价值观

每次只要浩浩取得了好成绩，爸爸妈妈就会满足他的各种愿望，否则就没有，浩浩当然会觉得只有"赢"才是好的。延伸到学习上，便会演变成"我取得好成绩时，我才是重要的，我才能想做什么就想做什么"。虽然浩浩的爸爸妈妈对于浩浩没能取得好成绩并没有进行惩罚，从孩子的感受来说，还是会自然而然地觉得没有取得好成绩是一个不被爸爸妈妈所喜欢的结果。而被爸爸妈妈喜欢是所有孩子在幼年时内心最纯真的渴望。

4. 建立在外在输赢比较上的自我价值是不牢靠的

浩浩受挫时的表达是"我比不过"。换句话说，只有比过别人，浩浩才会觉得有价值感，有成就感，才能获得爸爸妈妈

的欣赏。就像妈妈用"就算你踢毽子不如他，但是你学习比他好"来安慰浩浩那样，这样的话可能在浩浩成长的过程中说过很多，所以浩浩会习惯性地把自己的价值感建立在和别人比较的结果之上，也因此让浩浩觉得一定要赢过别人、比过别人。

事实上，浩浩在准备踢毽子比赛的过程中有很多值得肯定的地方，例如每天都做练习，这是自觉自律。当父母可以引导孩子和自己的过去比，在自己的成长过程中寻找过去所没有的闪光点，并加以肯定强化，这样的比较就是正向积极的了。

建议

对于浩浩这样类型的孩子，家长们可以怎么应对呢？有以下的方法可供参考。

1. 家长自身先照镜子

家长可以自我觉察一下，是不是经常会将自己的孩子与他人比较，是不是有意无意地强调了孩子与他人的差距？如果有这样的"经常"，不妨试试看拿孩子现在的表现和孩子过去的不足进行比较，比出值得被肯定的进步。

家长还可以觉察一下，自己平时是否过于看重孩子成功的结果，忽视了欣赏孩子努力的过程。自己是否过于担心孩子的失败所造成的不利影响。家长内心如何看待自己的输赢胜负，如何看待孩子的输赢胜负，这些都自然而然地影响着孩子是否"输得起"。

2. 换框法，失误不等于错误

很多时候，一个完美主义的孩子会认为失败是一个错误，脑海中会出现"我很糟糕"这种念头。而实际上，没有人不失败。家长可以教会孩子认识错误和失误的区别，错误意味着故意去做错的事情，动机是有问题的，而失误是自己不想，但是却失败了。比如孩子因为比赛失利，或是考试没考好，或是同学友谊遇到波折，家长可以引导孩子认识到这不是他（她）的错，这只是一个失误，我们还有机会。

3. 举办"向失败学习大会"

在家庭中定期或不定期举办"向失败学习大会"。在这个会议上，家庭成员可以轮流分享过去一段时间里自己的失败经验，以及自己是如何通过失败有所收获的。无论是通过失败有所收获，或取得进步都可以分享。听完分享后，家庭成员们首先要给予真诚的肯定和欣赏，如果某一位家庭成员找不到失败可以带来的收获，其他家庭成员可以帮他一起找。这样做，可以让孩子逐渐养成把失败的体验作为经验来学习的思维模式，当面对今后人生中更多的挫折时，能够把失败当作成长的资源。同时，也促进了家庭成员之间相互支持和彼此欣赏。

表 2　家庭"向失败学习大会"记录单

	爸爸	妈妈	孩子
我本月的失败经历			
我有什么收获			
对这个学习过程的满意程度打分（0—5 分）			

TIPS

　　勇于追求成功的孩子固然是家长们的期待，但更重要的是培养"不怕输"的孩子，敢于面对自己的失败，敢于在挫折中继续前进。外在的评价体系往往比较脆弱，随时都有可能因为别人的行为而面临崩塌。所以，要想真正不怕失败和挫折，首先要做到自我接纳和认可，自己的内在价值才更坚固。

三、如果孩子不乐意，还要分享吗

导言

　　在孩子与同伴的交往中，有时候会发现这样一种现象，有些孩子总是会以讨好别人的方式来交朋友，而且明明对同学们很好，却并没有交到真心的朋友。当看到孩子总是讨好别人，甚至不惜牺牲自己某些利益的时候，家长应该有哪些反思？又该如何帮助这样的孩子呢？

案例

　　磊磊(化名)已经上二年级了，今天又哭着回家。他不理解，为什么对同学们那么好，经常帮助同学，经常与同学分享的他，却没办法获得友谊。同学都不太愿意跟他玩，即使他分享，别人也是拿了东西就走人。当同学找他帮忙的时候，即使有一些为难，他也会尽力去做，而不是拒绝；当同学想要他的东西的时候，即使不愿意分享，他也会为了关系不要闹僵而同意。他哭着和妈妈诉说："为什么会这样呢?"这已经不是磊磊第一次遇到这样的问题了。妈妈也不知所措，不知道该如何回答孩子。

妈妈一直教育磊磊要乐于帮助他人，有好东西要分享。在家里，磊磊总是会把好吃的让给弟弟，明明自己很想吃，但凡事都是先想着别人。有时候弟弟的要求有一些过分，他也会忍一忍接受，但其实内心还是有一些不舒服。

当妈妈表达自己的不容易的时候，磊磊也总是可以体谅妈妈的不容易。当他能够与别人大方分享的时候，妈妈就会很开心地夸他，但是在他不愿意分享的时候，就会被妈妈指责小气。有一次和小伙伴一起玩，这个小伙伴非常喜欢磊磊的一个玩具，想要带走，磊磊也很喜欢那个玩具，不乐意给他，但是妈妈却说："你怎么这么不懂事，人家是客人，我们要学会分享！为什么不能大方一点呢?"最后，他不得不让小伙伴把他最心爱的玩具拿走了，当他眼睁睁看着玩具被拿走的时候，眼眶里满是委屈的泪水。但是，妈妈却夸他懂事。

这样的事情发生过很多次，原本，妈妈觉得为别人考虑、宽容、与人分享是一个很好的性格。不过，现在妈妈觉得好像自己是错了，但又不知道该如何去引导孩子，这也是很多家长的困扰。

解析

　　乐于助人、愿意与人分享的确是良好的品质，也是获得友谊的一个重要途径。但是，案例中的磊磊是以牺牲自己的需求为代价的过度付出，以至于没有了原则，也许正因如此，让他的同学们觉得他的这些付出很廉价，导致他在人际关系中总是处于被动。从孩子不会拒绝，到孩子习惯于讨好别人，家长们需要认识到以下几点。

1. 乐于分享不等于一直满足别人的需要

　　在磊磊小的时候，他就以一个照顾别人的小大人的角色存在着。妈妈的情绪需要他照顾，弟弟的需求需要他照顾，总是被要求要大度，偶尔小气就会被指责，只有大度才会被夸奖，凡事要先满足别人，不许像个孩子那样撒娇、大声说出自己的需求，这就让他习惯于照顾别人，从而忽视自己的需求。而实际上，孩子有需求是正常的，"小气"也是正常的，根据皮亚杰提出的儿童认知发展规律，7 岁左右孩子的思维发展特点是以自我为中心的，还没有站在别人的角度去思考的能力。过早地要求孩子为别人考虑、换位思考和被迫分享，就是在逼着孩子过早地长大，相当于揠苗助长，这样其实不利于孩子健康成长。父母可以反思，是否自己也是习惯于讨好和付出的人，孩子是在向父母学习吗？如果是的话，那么父母可以先试着改变自己，那么孩子也会向父母学习，父母通过言传身教，孩子会潜移默化地发生改变。

2. 孩子习惯了妥协与退让，渐渐忘记如何表达自己的需求

案例中的磊磊最初可能也会表达自己的需求，但当他表达出来的时候往往不被满足，尤其当自己的需求与别人的需求存在冲突的时候，经常会迎来批评和指责，在这种场景下，面临着外界的压力，似乎妥协与退让才是磊磊最好的选择。同时，当需求长时间得不到满足时，就会渐渐地选择不再表达，也就是不断地压抑自己的需求，最后甚至忘记了自己的需求是什么。对于孩子来说，或许不表达需求是一种避免遭受指责和感到失望的"保护伞"。

3. 当分享和助人变成理所当然的时候，可能反而会引发别人的不尊重

中国人有句俗话叫"升米恩，斗米仇"，是指如果在别人危难的时候给予一点帮助，对方会感激你；可如果给人的帮助太多，让其形成依赖，一旦停止帮助，反而会让人忌恨。案例中的磊磊就是这样，他的乐于分享、乐于助人被其他同学认为是理所应当的，久而久之，变成了别人眼中的老好人，反而不受待见了。

建议

1. 教会孩子乐于助人不等于妥协自己

毋庸置疑，培养孩子乐于助人和爱分享是很重要的家庭教育内容，但是结合本节案例，家长同样需要知道，乐于助人不等于妥协自己。家长可以和孩子玩一个分享游戏，游戏过程中，记得询问孩子以下三句话：

"宝贝，你分享给我了，你自己还有这个玩具吗？"

"宝贝，诚实地说，你是自愿分享给我的吗？"

"宝贝，如果我想要你所有的玩具，你都会给我吗？"

作为父母，要看到孩子只是孩子，只有当孩子在父母面前可以做真实的自己，能够表达拒绝，而且被接纳，他才能在外界与别人相处过程中发出自己的声音，拒绝过分的要求，分享愿意分享的东西，以及，把东西分享给自己愿意分享的人。这样，孩子才能慢慢地学会守住边界，找到真心相待的小伙伴。

2. 愿望回应清单

家长可以做一张"愿望回应清单"，记录每天孩子表达了几次愿望和几次拒绝，家长也可以反思当孩子再次表达愿望或者是拒绝的时候，父母是如何回应的。鼓励孩子说出想要的和希望要的，允许孩子表达拒绝。

表3　愿望回应清单

孩子	爸爸的回应	妈妈的回应
我想：		
我不想：		
我希望：		

3. 帮助孩子提高自我价值感

孩子的自我价值感往往来自父母对自己态度，比如关爱和评价。如果父母愿意为孩子付出，能够关爱孩子，亲吻拥抱孩子，那么孩子就会知道自己是值得被爱的；如果父母愿意陪伴孩子，孩子就会知道自己是值得父母花费时间陪伴的；当孩子有合理的需求的时候，父母能够满足孩子，那么孩子就会知道自己是值得被满足的；当孩子表达拒绝的时候，父母接纳孩子的想法，孩子就会知道自己是可以表达拒绝的，即使自己表达了拒绝，也是会被父母接纳的。随着关爱、肯定的增多，慢慢的，孩子的自我价值感就会提高。

TIPS

尊重孩子的选择，听一听他们说出想说的话，看一看他们做想做的事，让孩子做回孩子，多给孩子一些"允许"和空间，也许是孩子不再讨好他人的开始。

四、撒谎是孩子解决问题时
不得已的选择

导言

　　孩子撒谎是常常让父母感到头疼的事情,"为何我的孩子没一句真话,总是撒谎""我都不知道孩子说的哪句话是真、哪句话是假""孩子以后要是撒谎成性怎么办"。其实,在儿童青少年的生活学习中"撒谎"是很常见的一种现象,而孩子"撒谎"通常是有原因的,当父母理解了背后的原因,也许孩子就不需要用"撒谎"来解决问题了。

案例

　　晓华(化名)是一个五年级的女孩,最近妈妈发现她经常撒谎,既生气又担心。一天,妈妈接到老师的投诉电话,老师说晓华谎称自己把作业忘在家里了,经过追问

发现其实她根本就没有完成作业,让妈妈好好跟晓华聊一聊。等到晓华放学回家之后,妈妈忍不住对晓华训斥道:

"你没有完成作业,但是你为什么要跟老师说把作业忘在家里了?你这孩子怎么这么喜欢撒谎呢?"

晓华支支吾吾地回答:"昨天晚上作业太多了,我……太困了,本来想着早上早点起来写,结果起得太晚了,就来不及写了……"

"那你也不能撒谎啊,不是从小就教你做人要诚实,不可以说谎吗?"

"就这一次而已。"晓华低着头回答。

一听这话,妈妈更生气了:"什么?就这一次?上次你表姐结婚,因为怕耽误你学习就没让你去参加,结果你竟然装肚子疼不去上学,这件事我还没跟你算账呢!还有好几次你一个人在家偷偷玩手机,还骗我说你没玩,哪一次没撒谎?简直就是个撒谎精。"

晓华听到妈妈这样说,很是伤心,但又不甘示弱,大声向妈妈喊道:"你们也撒过谎啊!为什么你们大人可以撒谎,小孩子就不可以呢?"

"你这就是胡搅蛮缠,我不跟你说了,今天你必须把作业补上!"说完,妈妈就转头回了自己的房间。

解析

　　案例中，妈妈十分在意晓华撒谎的事实，但是却没有关注晓华撒谎的原因和她真正的内心需求，也没有去考虑晓华的撒谎行为是受到了哪些因素的影响。作为家长，有能力看见和理解孩子撒谎背后的原因，是正确处理和应对孩子撒谎行为的重要前提。一般来说，孩子撒谎可能与以下几个因素有关。

1. 孩子撒谎，可能是为了避免受到责备

　　当孩子撒谎的时候，父母往往会很震惊、意外、生气，或是非打则骂，而孩子往往会敏感地预料到父母这样态度、情绪和行为，为了提前防止父母以更加恶劣的态度对待自己，孩子就会不自觉地选择用撒谎来掩饰事实，营造出一切安好的假象。在案例中，晓华便是为了避免遭受妈妈和老师的训斥而选择一再地说谎。如果平时当晓华没有按时完成作业时，妈妈不去直接批评她，而是看到在完成作业过程中存在的困难，接纳孩子暂时无法完成作业的现实，并跟晓华一起探讨可以解决问题的方法，那晓华就不需要用撒谎的方式去应对作业没按时完成这件事了。

2. 孩子撒谎，可能是向父母学习的结果

　　"为什么你们大人可以撒谎，小孩子就不可以呢？"这表示

孩子也许曾经听到过父母撒谎，所以才用这样的话来反驳。父母言传身教对孩子来说非常重要，如果父母经常教育孩子不能撒谎，但却对于自身的言行约束不够，甚至觉得大人撒谎是情有可原、事出有因，而孩子撒谎就是品行败坏、不可原谅，那孩子便会感受到父母言行的不一致，此时父母之前的教育就会大打折扣，甚至适得其反。所以，作为父母首先要做到的是不随意撒谎，给孩子良好示范；其次，如果父母真的撒谎了，可以以此为教育契机，主动向孩子坦诚撒谎的原因，并表示自己为撒谎而感到羞愧和抱歉，告诉孩子这并不是一个值得学习的行为，希望以后在不轻易撒谎这件事情上可以做得更好，并邀请孩子一起来监督自己。

3. 孩子撒谎，可能是在表达自己的需求或是愿望

就像案例中晓华撒谎说肚子疼不能去上学，其实是因为她想参加表姐婚礼的愿望没有实现，撒谎是晓华用自己的方式去实现愿望的一种尝试，也是在向父母表达她真的很想去参加表姐的婚礼。家长常常会遇到孩子说"不舒服不想上学"或者"身体不舒服不能写作业"等情况，此时家长需要看看孩子撒谎是想要解决什么问题，或者是想满足什么愿望，不想上学也许是在学校遇到了什么困难，不想写作业可能是因为是学业跟不上了感到很挫败。如果孩子不用撒谎就可以使自己的需要或愿望得以被看见、被满足，孩子便不会优先选用撒谎的方式去进行自我表达。

建议

　　家长在发现孩子有撒谎行为时往往会比较紧张，或是先入为主地认为孩子怎么可以做如此没有道德的行为，但其实孩子说谎是一个很普遍的现象。多伦多大学人类发展与应用心理学教授李康研究发现，2岁的孩子就已经会撒谎，撒谎率为30％，3岁孩子概率为50％，大于4岁的孩子绝大多数都会撒谎。并且撒谎也不是绝对的坏事，李康团队的研究表明撒谎是大脑的高级功能，是孩子认知能力发展的表现，在孩子成长过程中发挥着重要的作用。对于这样的行为，父母不用过于担心，关键在于引导。父母要做的就是采用恰当的方法处理和应对孩子的撒谎行为，可以尝试以下的方法。

1. 运用"3why原则"，客观看待孩子的撒谎行为

　　当孩子出现撒谎行为时，家长可利用"3why原则"帮助自己思考孩子撒谎背后的原因。比如当孩子装肚子疼不想上学时，可以尝试问自己以下问题。

　　① 为什么孩子装肚子疼？——可能是孩子不想上学；

　　② 为什么孩子不想上学？——可能孩子在学校里处理不好跟同学之间的关系；

　　③ 孩子遇到困难为什么不直接说？——可能孩子觉得说了也没用，还要挨骂。

2. 提高对孩子犯错的涵容能力，不给孩子贴爱撒谎的标签

人无完人，犯错在所难免，对孩子来讲犯错更是其成长中的必经之路。当孩子犯错时，父母可有意识地减少对孩子的指责和批评，同时跟孩子站在一起去面对当前的问题，让孩子体验到犯错其实并没有那么可怕，从另一个角度来讲，每一个错误都是在提醒自己需要更加努力和进步，这样有助于降低孩子在犯错时为了避免责备或惩罚而用撒谎来应对的概率。案例中晓华妈妈会说"你这孩子怎么这么喜欢撒谎呢""简直就是个撒谎精"，相信很多妈妈和晓华妈妈的反应一样，是爱之深责之切状态下的情感自然流露，她的初衷是出于对孩子成长的担忧，而不是真的认为晓华就是一个天生喜欢说瞎话的孩子。但这样的话语会在无意中给孩子贴上爱撒谎的标签，让孩子形成负性的心理信念："妈妈觉得我是撒谎精，可能我真的就是个爱撒谎的人吧！"时间久了，在孩子的内心会形成一种"反正自己说了真话也没人相信"的感觉，渐渐地失去改变和成长的动力。

3. 引导孩子正确面对撒谎，看见孩子成长的可能性

很多时候孩子撒谎并非有意为之，撒谎后内心也会非常不安和自责。此时，比起去指责批评孩子，家长更需要做的是

引导孩子正确面对撒谎。可以带孩子看一些绘本故事，比如《承认错误不丢人》，教育孩子勇于承认错误；针对大一些的孩子，可以对涉及谎言的新闻或者是故事进行家庭讨论或是辩论，让孩子在讨论或辩论过程中知道撒谎的利与弊，以及短暂效应和长期效应，吸取经验，总结教训。

TIPS

　　撒谎是孩子成长过程中的一环，也是很多父母在养育孩子的过程遇到的难题之一，客观看待孩子的撒谎行为，了解孩子撒谎行为背后的原因和没有说出来的真正需要，正确引导孩子面对撒谎将有助于父母恰当应对这一养育难题。

第四篇

发展优秀的社交能力

一、孩子也"社恐"，家长怎么破

导言

　　认识新朋友是儿童成长过程中必不可少的重要环节。如果没有朋友，小孩可能会感到孤独，甚至影响到身心发展，很多家长都希望自己的孩子能认识合适的伙伴，建立良好的友谊。然而，不是每个小朋友都可以顺利地结交好朋友。而且，6 至 12 岁的儿童在情绪、认知、社交能力各方面仍未发展成熟，如果在这个阶段强硬地教育孩子应该认识新朋友，可能会揠苗助长，甚至会因为消极的交友体验而发展为社交焦虑。

　　下面，让我们借助湘湘的故事一起看看如何引导孩子认识新朋友。

案例

湘湘（化名）从小比较怕生，7岁时随着父母工作变动来到新城市生活。因为环境变化，怕生的湘湘表现得更内向了，和别人打招呼后就立马低头躲在妈妈身后。平常周末也总是窝在家里，没有认识多少新朋友。

湘湘妈妈看到女儿总是不主动和人谈话，十分担心女儿因此变得孤僻难处、被其他小朋友孤立。于是，晚饭后湘湘妈妈便带着湘湘去小区公园散步，平常这个时候小朋友们都会聚在一起打闹，湘湘妈妈想借机让女儿和其他小朋友一起玩。然而，湘湘只是一个人坐在公园的长椅上，面对其他小朋友的主动搭话也只是点点头回应，搭话的小朋友看她似乎不想被打扰的样子便离开了。这让一旁暗暗观察的湘湘妈妈心里默默叹气，不知道如何帮助湘湘。

没过多久，湘湘就跑回妈妈身边，小声说自己肚子疼想要回家了，妈妈看着湘湘揪着自己衣服不放的手，知道她心里紧张，便带着她和小朋友们说了再见。在路上，湘湘妈妈耐着心问湘湘怎么不和小朋友们玩，湘湘沉默了一会儿，小声说："我害怕。"湘湘妈妈无奈地说："这有什么好怕的，都是小朋友，你多主动说说话肯定就能认识了，你这样不说话别人还以为你不想理他们呢。"湘湘听完，点了点头，又陷入了沉默。

面对女儿这样的表现，湘湘妈妈无奈地叹了口气，打也不是骂也不是，但是总这样不说话没朋友也不是个办法，这可怎么好呢？

解析

从上面的案例中可以看到，湘湘对与人交流、认识新朋友有一些焦虑和抗拒，无论是主动与人打招呼，还是被动地回应别人的问好，湘湘几乎都是怯懦、紧张地用肢体语言回应，到底是什么让湘湘如此害怕与别人说话呢？

1. 天生的内向性格和环境的改变可以一定程度地解释湘湘的社交焦虑

根据塞尔曼的儿童友谊发展阶段论，6 至 12 岁的儿童处于双向帮助阶段，合作互惠，其中低年级儿童强调的是具体情境的互惠，比如一起玩、一起做事情等，而高年级儿童则强调心理的互惠性，如兴趣的一致性。湘湘尚处于低年级，主要依靠长期待在一起的熟悉感发展出友谊。而湘湘原本内向的性格使她很难有和其他小朋友长期相处的机会，加上突然来到新环境中，湘湘对于交新朋友的感受就像是走一道玻璃桥，缺少了日积月累的熟悉感作为绳索支撑，况且湘湘也不像外向的小朋友，可以目视前方大大咧咧地走过去。在她的心里，可能一次又一次地演练在桥上走到一半的情景,可能会是新朋友看到她走来但是不知道怎么回应,于是当面跑开了,可能想要认识的人嫌她不够好不愿意理睬她,甚至,湘湘可能会觉得万一自己以为的新朋友踩碎了玻璃桥、看她出丑怎么办?……湘湘的内心可能有很多消极的预设,而在家长眼里,这些想法是较难察觉的,就像湘湘妈妈一样,虽然感受到女儿的紧张焦虑,却可能觉得只是玻璃桥而已,走过去就行了,没什么好担心的。

2. "不被理解"催生的焦虑感

在案例中,湘湘妈妈本意是给女儿壮壮胆,告诉她没什么好害怕的。然而,当孩子怀有紧张恐惧的焦虑感,而家长却无视或者否定了这种感受,儿童可能会觉得"只有我是这样害怕的,是不是因为我比不上别人哪,我太不会说话了,我要是和他们说话肯定会被嘲笑的",因此给自己打上"无法擅长交流""开口就被嘲笑"的标签。在需要进行社交的场合,儿童会因为"只有我没有能力做这件事情,但我又必须得当着别人的面完成这件事"的信念而产生更深的焦虑,甚至会出现每逢社交就手脚发凉、肚子疼、腿抖等躯体表现。

3. "好吧,那我们回家吧","被纵容长大"的焦虑感

当湘湘进入到一个需要和陌生人交流的情境时,她会条

件反射地感觉到紧张和害怕。当湘湘逃避这个社交情境、跟着妈妈回家时，她的恐惧感会大大降低，但恐惧的降低强化了逃避行为，于是新的条件反射就形成了：社交情境——恐惧——逃避——恐惧减少，湘湘可能会越发地依赖躲在妈妈身后以及窝在家里，越发回避社交情境。

📎 建议

1. 倾听、理解孩子的恐惧，"不是只有你走玻璃桥时会害怕哦"

在这里，需要家长蹲下来、在孩子的视角看看交友这件事情。成年人拥有丰富的社交经验和相对成熟的社交技能，尚且有不少人会在和生人说话时感到紧张，何况是还未发育完全的小孩。结交朋友和维持友谊需要包括换位思考能力、情感意识、交流技能、自我调节、社会信息加工技能以及社会问题解决策略在内的各种社会情绪和社会认知技能，孩子担心自己无法处理各种可能的困难是非常正常的，尤其是对自己要求高、注重外界评价的儿童。作为家长，要试着去接受他们的恐惧，并且不加批判地询问恐惧背后的原因，可以通过"你觉得如果和那位小朋友说话，会发生什么呢""如果真的像你想的那样发生了，那你会感觉怎样呢"这些语句引导孩子说出自己内心深处的恐惧。

2. 创造交友环境，让孩子觉得走玻璃桥不是完全不安全的

在案例中，湘湘妈妈很爱孩子，也有意识地为孩子选择了有可能认识新朋友的环境。然而，像公园、游乐场这一类公众场合，对于湘湘这种较为内向的小孩，一下子面对加入一个陌生大圈子的高难度挑战，有可能会让孩子更加恐惧。每一颗种子都是不一样的，在养育孩子的过程中要根据他们的特性来创设合适的成长环境。家长可以和孩子一起罗列在各类情境下认识新朋友的挑战清单，之后让孩子对每一项的难度进行评分，从简单的小挑战开始，比如孩子可能在家里感到更安全，那么我们可以协助孩子邀请合适的小伙伴到家里来，一起做感兴趣的事情，通过常常见面、一起做喜欢的事情慢慢熟悉起来，建立新友谊。

3. 防止孩子形成社交回避的习惯，设置一套可行的玻璃桥挑战方案

当孩子和我们一起制定了各类情境下交朋友的挑战清单，就像是根据难度选定了适合挑战的玻璃桥一样。然而，孩子在挑战过程中，可能还是会非常不安和害怕，还是会想要往后退。这时候，家长不让孩子退缩的话，会担心孩子内心更害怕交友，如果让孩子回避又担心下一次孩子更加不愿意挑战了。为了避免进入两难境地，我们最好提前和孩子商定对策，

就像是在挑战攀岩时，我们会提前做好准备，会选择合适的难度，会有紧急处理方案以及适当进行肌肉放松。在交友挑战中，我们也要和小孩一起提前练习基本社交技能，比如怎么打招呼，怎么自然地夸奖对方，可以聊什么话题，等等。而紧急处理方案则是指如果真的太紧张引起肚子疼等躯体反应时的应对策略，比如可以和孩子一起准备一些小零食和感谢小纸条，如果因为各种突发情况无法继续聊天，可以先暂停一下，一个人深呼吸放松，然后通过小零食和纸条向小朋友传递歉意和善意。无论孩子在挑战中表现如何，作为家长的我们要试着敏锐地看到他们的进步之处并告诉孩子，让他们相信自己可以在这方面做得很好。

TIPS

交朋友对于儿童而言不是容易的事，引导孩子建立新友谊对于大人而言也不是容易的事。在这个过程中，孩子的改变可能没有那么快，这不能说是孩子的问题，也不能说是家长的问题，不必急于苛责自己，这是留给孩子和大人的成长空间。保持与对方一致的高度、竖起倾听的耳朵、擦亮发现进步的眼睛、张开嘴巴多鼓励，大人的态度和理念终将会感染孩子，共同成为会听、敢说的人。

二、学会求同存异，受益终生

导言

如果朋友做了你不喜欢的事情，应该怎么处理？这对于许多成年人而言亦是一个难题，更别说是换位思考能力和共情能力尚未发育成熟的儿童。实际上，在儿童日常交往中，这个问题并不少见，甚至可以说是维系友谊的必考题。那家长怎样去培养孩子应对这种情境的能力呢？

案例

小梦（化名）今年刚上二年级，性格文静，很爱看书。小梦在班上有一个好朋友——杜杜（化名），杜杜性格活泼跳脱，两人住得也接近，时常一起上学。

最近，妈妈发现小梦这周经常用各种借口推脱不和杜杜一起上学。吃饭时妈妈问小梦："你最近没和杜杜一起上学，你们闹矛盾了吗？"小梦低了低头，似乎提及这个话题就很难过。

妈妈凑近小梦问道："和妈妈说说，发生了什么？"

小梦欲言又止："其实也没什么，就是……就是她把我的书弄皱了。"

妈妈有些好奇："咦，是前些日子借出去的那本吗，我记得你当时还很开心地和杜杜分享这本书来着。"

"对，就是那本，可是她拿回来的时候，书好像被压过一样，有几页还有折痕，但她什么都没解释。"说着说着，小梦眼里都有了泪光。

妈妈摸了摸小梦的头，轻声说道："看来我们小梦真的因为这个很难过呢，毕竟你这么爱书。是因为杜杜弄皱了你的书，你很生她的气，所以不想和她一起玩吗？"

小梦想了想，摇摇头："妈妈你说，她是不是讨厌我，所以才把我的书弄得乱糟糟的……"

小梦妈妈想了一下，问小梦："小梦平常都是小小声吃面对不对，那你怎么看嗦粉会嗦得很大声的人呢？"

小萌扑哧一笑："就像爸爸那么大声吗？有时候好吓人，不过爸爸就是喜欢这么吃。"

小梦妈妈也笑了："对哦，每个人吃东西的习惯不太一样，在有的地方，嗦出声音是对吃面的尊重，这样才能表现出面非常非常好吃。而在有的地方，吃东西时发出声音是很没有礼貌的，甚至是故意恶心人。"小梦听到后，似懂非懂地点了点头。

妈妈又补充道："你们现在就像是两个人一起吃面，你喜欢安安静静地吃，杜杜吃面却会吃出声音；你喜欢看书不留下任何痕迹，杜杜却会把书弄皱，她可能觉得折几页说明那几页特别好看，但没想到这样做会让你很不舒服。"

小梦若有所思地点点头："杜杜的书大部分都是乱乱的，有些教材封面的边角都卷起来了。她可能真的就是不小心吧，可是我还是不喜欢她把我的书弄皱。"

"那你和杜杜说过这个事吗？"小梦妈妈耐心问道。

"没有……我之前怕她是故意弄皱所以不知道怎么开口"。小梦不确定地说着。

"杜杜这次弄皱了你的书让你很难过是不是？如果杜杜道歉了，你还会把她当作好朋友吗？"妈妈接着问。

"那当然，杜杜平常和我很好的，和她在一起我很开心。"小梦不假思索地回答。

"如果杜杜以后好好爱惜你的书，一点也没有折痕，你还会借书给她看吗？"

"嗯……如果她答应不会折得很明显，其实也还好啦，但要还是这样压得很皱，我就不借了！"小梦给出了二种方案。

"宝贝很有原则嘛，那周一你和杜杜说说这件事好不好哇，老是躲着人家，杜杜可能都以为你不想和她做朋友了。"

"啊，她会这样想吗?"小梦有些诧异。

"你要是连着一周去找杜杜，她都说没空，你会怎么想?"

"我知道了，我也有不对，我周一去找杜杜!"

"嗯，宝贝要不要试试现在把妈妈当成杜杜，排练一次呀? 还记得爸爸妈妈之前说的怎么好好沟通吗?"妈妈这么说是希望帮小梦做好准备。

"嗯，我试试……'杜杜，不好意思，上周我有点躲着你，因为你上次把我的书弄皱了，还有几道折痕，我就以为你是讨厌我才这样做，'"小梦挠了挠头，继续说道，"'但是我想你不是故意的，我们以后还是一起上学好不好，如果你答应看书不折压、好好爱惜的话，我的书你都可以看!' 妈妈你觉得这样可以吗?"

"宝贝好棒，现在感觉怎样? 还因为书被弄皱的事情难过吗?"妈妈温柔地对小梦说道。

"好多啦!"小梦的脸上又出现了笑容。

妈妈确认小梦的感受后，两人继续开心地吃饭了。

三 解析

从上面的案例中，我们可以看到小梦对"借给好朋友的书被弄皱了"这一细节的不合理解读，而小梦妈妈则用容易理解的例子说明和层层递进的提问，引导小梦进行换位思考和问题解决模拟，从而帮助小梦培养应对这类友谊难题的能力，接下来我们用放大镜更细致地看看小梦妈妈是怎么做的吧。

1. "嗦粉说"，引导孩子换位思考

根据塞尔曼的角色选择理论，6 至 8 岁的儿童的换位思考能力尚未发展成熟，在这个阶段，他们可能意识到别人的想法和自己存在不一致，但理解他人的看法对于儿童而言依旧是很困难的事情。就如同文中的小梦，她会认为"杜杜和我一样都是很爱书的，如果她不保护好书，就是因为她想用这个方式让我难过"。这个阶段的儿童在推测他人的想法上，就像是一个新手侦探。他们心中有着一个坚信不疑的假设，他们的水平仅限于可以意识到真相可能与他们的假设不一致，但是尚未能推理出可能的真相。

在案例中，小梦妈妈用嗦粉声音的提问让小梦意识到人与人之间的想法并不总是一样。其后，小梦妈妈以身作则，和小梦讲解"嗦粉嗦出声音"背后可能的想法，就像是老侦探用其他案例去启发新手侦探，帮助小梦通过观察学习掌握如何推测他人想法的技能。小梦在听完妈妈的讲解后，也主动地

思考"杜杜是因为平常的看书习惯而不自觉弄皱自己的书"的可能性，从而完成了侦探推理中"验证假设"这一步骤。

2. 通过角色扮演，模拟问题解决

当朋友做了自己不喜欢的事情，这是一个较为复杂的问题。对于成熟的大人而言，解决问题通常包括"定义问题——问题对策的头脑风暴——选择一个对策——使用对策——评估该对策的有效性"这五个步骤。然而对于小朋友而言，每一个阶段都不乏挑战，需要依靠家长一步一步引导才能完成。

在这个社会交往难题中，小梦妈妈首先通过关心小梦和杜杜之前的交往情况，明确了面临的问题——"杜杜弄皱了我的书而且没有道歉，我不知道怎么面对"。紧接着，小梦妈妈引导小梦通过换位思考推测杜杜的可能动机，从而奠定了问题解决的方向，最后选择了"好好沟通、提醒爱书"这一个对策。为了让小梦可以更好地使用对策，小梦妈妈还和小梦来了一场模拟练习，根据"发生了什么事情——个人对这件事的感受——希望对方怎么做"的沟通公式传达了意愿，让杜杜可以更好地接受建议，稳定住两人的友谊小船。

📎 建议

1. 肯定孩子的感受，让孩子有话愿意说

就像是案例中的小梦妈妈一样，我们在日常生活中如果

注意到孩子的一些不寻常表现，可以多加询问，并且给予真诚的聆听，不要急于否定孩子当前的问题。试想一下，如果小梦谈到自己和杜杜的矛盾时，小梦妈妈来一句"这有什么，不就是几道折痕吗"，小梦下次是否还愿意和妈妈说出自己心中的烦恼呢？

2. 老侦探带领新手侦探做任务

　　如果想要提升孩子的换位思考能力，最好的方式就是经常进行相关的锻炼。例如，我们可以在闲暇时，根据见到的路人和孩子来一场"想法接龙"，比如说："那个叔叔刚刚提着菜匆匆回家，都没和我们打招呼，你觉得他在想什么呢？""可能他饿了，所以走这么快。""也可能是家里来客人了，所以急着做饭。""也可能是等会儿有事情，再不吃就来不及了。"……在一来一回之间，既是对孩子换位思考能力的培养，也是对观察力的一种锻炼。

> **TIPS**
>
> 　　心理学家阿德勒曾说："一切烦恼皆源于人际关系。"一段友谊的开始本就不易，而维持一段友谊更是需要双方有珍惜的意愿和维护关系的能力。人际

关系是一门终身课程，没有人可以生而成为"很会做人"的人，但是如果能够有切实的理论指导和家长的以身作则，想必孩子们会更加轻松地掌握这门人生大课，知道自己怎么思考、倾听和表达可以更好地维系一段关系，让值得在自己身边的朋友愿意陪在自己身边。

三、被同学们孤立恰恰可以用来学习如何与人相处

导言

　　对于孩子来说，学校就是他们的另一个"家"，学校里的同学们就是他们"家"中的兄弟姐妹。如果那个"家"里面没有兄弟姐妹跟他（她）玩，甚至这些兄弟姐妹孤立他（她）、排挤他（她），那么可能会给这个孩子心中笼罩上沉重的黑雾，这层黑雾会慢慢消磨他（她）对学校的喜爱，甚至有可能会让孩子步入厌学的泥潭之中，影响以后的性格……因此，作为家长，不仅要关心孩子的学习，还需要多多留意他们在学校里的人际交往情况，适时做好引导，帮助他们更好地融入校园的大家庭里去，成长为阳光开朗的少年。

案例

　　康康（化名）是家里三代单传的独子，集全家人的宠爱于一身，从小聪明伶俐，活泼可爱。但是今年康康上二年级后，出现在他脸上的笑容越来越少，还经常找理由说不想去上学——

　　"爸爸，我今天不想上学。"

　　"所有小朋友都要上学的呀。"

　　"可是班上的同学们都不跟我玩。"

　　"康康，咱们上学是为了读书，将来考个好大学，找份好工作。他们不跟你玩，那我们也不跟他们玩。"

　　"可是我还是不想上学，我就想在家里和爸爸妈妈玩……"

　　"康康，等放学回家爸爸再陪你玩好吗？"

　　"啊，我肚子好痛……"康康突然间捂着肚子蜷缩在地上，康康爸爸看到孩子这副模样也只好带孩子去医院检查了。到医院做了一系列检查后，医生说孩子的身体没有任何异常，可能是因为压力引起的，休息一下就好了。

　　爸爸看着孩子满头冒冷汗的样子也不像是能装出来的，特别心疼，于是决定请一天假带孩子出去踢球。虽然爸爸也不清楚 8 岁的孩子哪来的压力，但是他想出去玩一玩康康应该就能放松一些吧。

听说爸爸要带他去踢球，康康突然变得开心起来，肚子好像也没那么疼了。

两人来到足球场，爸爸小心翼翼地把球踢给康康，球慢慢地滚到康康面前，康康踢脚一顿乱踢。

"康康，你要把球踢回给爸爸呀，不要踢那么远哦。"康康爸爸一边气喘吁吁地捡球，一边说。

"嘿嘿，我不要，我就要乱踢。"康康一脸得意地说道。

看着康康调皮的笑容，康康爸爸重重地把球踢回去，可能速度太快，康康冲过去想接没接到，还直接摔倒在地上了。爸爸赶忙跑过去把康康扶起来。

"康康，没摔着哪里吧。"爸爸急切地问。

"都怪你，把球踢那么远，我都接不到，还摔倒了。"康康嘟囔着抱怨道。

"是是是，都怪爸爸，那下回爸爸踢得准一点。"康康爸爸道完歉，看孩子没事又继续小心翼翼地和孩子玩踢球游戏。踢着踢着球落到了球场的边缘，然后顺势滚到了一个在旁边玩耍的小女孩的脚下，小女孩正想把球捡起来还给康康并且和康康一起玩球的时候，突然听到一声怒吼。

"不许碰我的球！"康康生气地指着小女孩吼道，然后跑过去把小女孩一把推倒在地上，把球拿走。

旁边小女孩的奶奶赶紧把小女孩扶起来，安慰道："没事没事啊，咱不跟这个哥哥玩，咱回去叫爸爸也买一个球给囡囡玩。"小女孩乖乖地跟着奶奶走了,嘴里还气鼓鼓地说:"哼,不跟你玩。"

在旁边的爸爸看到这一幕,突然间好像有点明白为什么没有小朋友和康康玩了……

解析

案例虽然没有直接写出康康在学校究竟和同学们发生了什么,但是从一些细节上我们大概可以了解康康在学校被孤立的原因。

1. 缺乏同伴交往的经验与环境

现在的孩子很多都住在居民楼里面,在爸爸妈妈、爷爷奶奶的精心照看下,几乎没有独立外出的经验,更别说独立外出和其他小朋友单独相处的经验了。就像案例中的康康,只能在和家人的相处过程中学会人际交往的技巧,加上长辈一般都会迁就小孩子,很少发生争执,就算遇到争执也常常以长辈的妥协而收场。在这样的环境下,孩子就没有机会掌握和同龄人交往的技巧,最后可能会变成习惯性独来独往,或者是即使想和其他小朋友玩却没法加入进去。康康爸爸在得知孩子没有朋友时,也没有意识到同伴交往的重要性,反而一味地让孩子重视学习就好。显然这招对孩子不起作用,甚至使孩子更加抵触学校了。

2. 家长过度溺爱和忍让

幼儿期的孩子一个很显著的特点是自我中心，这是他们自我发展道路上必经的一环。但是如果在这个阶段没有做好引导，孩子的自我中心化可能会愈演愈烈，最后演变成我们常说的自私、不考虑他人的感受。案例中的康康作为家里的独子，长辈们过度溺爱和忍让，很容易放大他的自我中心。而过度的自我中心，也导致康康在与同伴玩耍时只在乎自己的感受，而不顾虑他人的感受。家里大人面对康康的无理取闹只是觉得可爱和小任性，作为大人让一让也无所谓。但是如果在学校里也这样对待其他小朋友，其他小朋友不会忍让，就有可能造成其他小朋友不愿意和他玩耍的情形了。

3. 缺乏分享的引导

案例中，在康康和小女孩的互动时，本来小女孩想过来一起玩球是很常见的现象，但是康康从小就习惯自己的东西就是自己的，没有人和他抢，也不需要和人分享，反正家里人都会让着他。可是分享是交友中很重要的一环。我们遇到开心的事情会想和朋友分享，买到好吃的东西也会和好友分享。分享反过来也能加深人们之间的友谊。如果康康学不会分享，那他很难拥有真挚的友谊。而爸爸在这个时候并没有进行适当的引导，让孩子感受到分享可以带来的快乐，所以才造成小姑娘气呼呼地走开。

📎 **建议**

　　孩子在学校里被同学们被孤立是一件很痛苦的事情。这些孩子大部分其实是不善于人际交往，或者是因为一些事情被人误会，或者是本身做事情比较出格引起反感，当然也有少数可能是遇到学校里作威作福霸凌他人的"恶少"。那么作为父母，当孩子被同学孤立时，可以怎么做呢？以下有几点建议。

1. 了解孩子被孤立原因，给予恰当的支持和鼓励

　　孩子被孤立的情况有很多种，原因和程度也不尽相同。如果只是被少部分人孤立，而班里还是有其他好友，说明可能孩子只是某些行为"得罪"了某些人，人际交往能力尚可。这种情况以鼓励和支持孩子为主，并引导他（她）多关注好友。但如果孩子被很多人孤立，班上一个朋友都没有，就很可能是孩子本身的人际交往就存在问题。那首先就需要多途径了解孩子被孤立的原因，可以询问班主任或者同班同学，看看是否真的是孩子的行为有不当的地方，再慢慢引导他（她）进行改正，引导他（她）学会正确地与同龄人相处。当然，不管是哪种原因，首先还是要给到孩子理解和支持，然后再给予一些方法上的指导。毕竟遇到这样的事情孩子的心里一定是非常难受的，直接批评可能只会恶化孩子的情况。

2. 进行模拟演练或创设真实的同伴交往场景

如果发现孩子缺乏人际交往的技巧，可以在家里面进行模拟演练。当家长和孩子进行情景演练的时候要注意，放下家长的身份，以和孩子平等的角度来看待问题，把自己想成同龄的孩子，然后"表演"给孩子看。比如玩游戏时不再让着孩子，而是通过正常的输赢看他（她）的反应，又比如当孩子玩游戏任性的时候表现得比他（她）更任性，让他（她）也能体会一下别人任性的感觉。然后进一步引导孩子学会换位思考，并教会他（她）和同龄人正确相处的方式。等孩子有些改变之后，可以多邀请一些小朋友来家里和他（她）玩，或者出去约一些小朋友一起玩耍，让孩子在实际生活中学会和同龄人交往。这个时候尽可能让孩子独立去交往，如果出现矛盾要客观地帮助孩子分析如何应对，千万不要一味护着孩子。

3. 引导孩子主动分享以及主动道歉

在家中需要多多引导孩子主动分享，特别是家里最小的孩子更需要强调这一点。因为最小的孩子往往被长辈们宠着，却不懂得尊敬和孝顺长辈。可以从慢慢开始引导孩子吃东西先分给长辈吃，和长辈一起吃饭时请长辈先动筷等入手。从日常的小习惯着手帮助孩子慢慢学会分享，不因膨胀的自我中心意识而忽视他人。其次，如果在与同伴的交往中总是免不了和人起冲突，这时候就要引导孩子学会主动和人道歉。道歉的方式有很多种，如果孩子很难直接说"对不起"，可以通过写小纸条、小卡片或者准备零食点心等作为道歉的表示。特别是当孩子因为行为不当被孤立时，道歉在一开始是比较有效的方式，因为小孩子心思比较单纯，也不会特别记仇。如果孩子真的有所改变，总会找到愿意接纳他（她）、愿意重新开始和他（她）玩的人。

TIPS

　　爱因斯坦曾说："世间最美好的东西，莫过于拥有几个头脑和心地都很正直的朋友。"如果有幸能够遇到这样的朋友，在孩子的人生路上给予支持和引导，那家长就能既省心又放心。但在此之前需要先教会孩子如何交朋友，学会分享以及换位思考，让别人觉得和他（她）交朋友是美好的事情，这样孩子也能遇到更好的人成为人生路上的挚友。

四、孩子间有冲突太正常不过了

都说小孩子的脸,就像六月的天,说变就变。两个小朋友在一起玩的时候常常一会儿亲密无间,一会儿吵得不可开交,这是孩子的天性使然。但家长最担心的,无外乎是当孩子发生冲突时,因为一些推推搡搡而造成伤害。

诚然,孩子的认知能力有限,在无意的肢体接触中,常常无法估计自己动作的后果,从而给对方带来身体上的伤害。所以,如何规避冲突的风险,又不抹杀孩子的天性,就需要家长教会孩子在与同伴交往过程中,正确地处理矛盾与冲突。

案例

牛牛(化名)和豆豆(化名)在小区游乐场玩。牛牛用沙土

124

堆了个城堡,豆豆在旁边玩遥控小汽车,两个人互不影响。突然,豆豆的遥控小汽车没有掌握好方向和速度,开过去撞坏了牛牛的城堡。看着自己辛苦设计半天的建筑成果被豆豆瞬间摧毁,牛牛很生气,随手抓了把沙子扔过去,并且怒吼着:"你赔我的城堡!"

豆豆觉得很委屈,不巧眼睛又进了灰尘,瞬间脸上就挂满了泪珠:"一个假城堡,有什么了不起!"小伙伴的口水战,逐渐演变成了肢体接触,你搂我一拳,我踢你一脚。

两位妈妈本来还在旁边观战,看到小家伙们开始动手了,不得不上前拉开了扭打在一起的两个小泪人,又仔细查看着各自孩子的身体。尤其是豆豆妈妈,小心翻看着豆豆的眼睛。

孩子们情绪平复后,牛牛妈妈问:"牛牛,你为什么要扔沙子过去?万一沙子破坏了豆豆的眼角膜,他会看不见的。"

牛牛可怜巴巴地看向妈妈,说:"他把我千辛万苦设计的城堡弄坏了,我一生气,就把手里的东西扔过去了。我也不知道扔了什么,反正就是想扔!哼!"

牛牛妈听罢,面露难色。"不好意思啊,是我家牛牛不对,我先替牛牛给豆豆道歉。"

牛牛疑惑道:"为什么要道歉?妈妈你没有错!明明是豆豆的错!"

> "我也是无心的！"豆豆小声嘀咕道，"我也被牛牛推倒了呀，屁股痛！"
>
> 面对这样的对话，两位妈妈也陷入了沉思……

三　解析

1. 冲突的目的是保护自己

在案例中，两个小伙伴之所以大打出手，是因为他们感受到了对自己的伤害。牛牛本来在好好玩城堡，但是因为豆豆看似故意的搞乱，所以他的城堡被破坏了，感觉遭到了豆豆的伤害；而豆豆呢，觉得自己是无意碰坏了好朋友的城堡，却硬被说成是故意的，也是受到了某种伤害。

其实，孩子们发生冲突，是在有意识地保护自己，用愤怒、过激语言或动作，把对方推开，使对方退到自己的安全范围之外。从这一点来看，孩子发生冲突，不完全是坏事。

2. 更易启动冲突策略

就生理而言，负责情绪记忆的大脑杏仁核，在孩子出生时基本发育完善，所以孩子生下来就可以感知到各种情绪。但是，负责细节记忆的海马体，要在出生后很多年才能发育完善，所以对事件细节记忆就比较模糊。

"一朝被蛇咬，十年怕井绳"，就是因为情绪记忆特别强烈,但是细节记忆比较模糊,哪怕是弯弯曲曲的绳子,也会让曾经被蛇咬过的人产生恐惧。

所以,小朋友只要是稍微感受到被侵犯,就会触发他(她)的情绪。但是小朋友情绪上来后,负责理性的前额叶皮层还未发育完善,根本就不知道眼前的事情该如何更合理地解决,就如牛牛那样会抓起沙子进行反击。

3. 单一化的冲突解决方式

相信我们都看过这样的新闻:因为孩子在学校没有处理好同伴关系,而导致家长们在校外大打出手。令人可笑的是,可能家长们约架时,俩孩子反而已经和好如初。

如果家长总是用单一的问题解决方式,那么孩子也会逐渐习得这种单一的解决方式。另外,除了家长的言传身教,模仿同伴的过激行为,也会给孩子带来错误的示范。

📎 建议

1. 冲突面前,情绪是第一位的

无论是事后的告状,还是扭打过程中的被迫分开,孩子都是有情绪的,作为家长,首先要做的是安抚孩子的情绪。

千万不要试图阻止孩子:"哭什么哭,有什么好哭的,这么大的一个人了,不就是一个小玩具嘛,值得你这样吗?"孩子本来是要寻求安慰的,家长不但没有给孩子"报仇雪恨",还要被嫌弃哭闹,这样孩子会感受到加倍的委屈。

　　这时候，如果孩子止不住哭，家长不妨试试"爱的魔术语"：抱着他（她），温柔地说："想哭你就哭一会吧。"估计时间差不多了，或者孩子的情感波动没那么强烈时，家长就可以递张纸巾，说："是妈妈帮你擦，还是你自己擦？"这样，第一阶段的情绪控制就能很好地解决了。

2. 还原事实真相

　　第二阶段，在情绪平复的情况下，让孩子自己还原事实真相，到底发生了什么事情。当然，事实真相与孩子认为的真相可能会不一致。不过没关系，家长不必非要纠正孩子的说法，只需让孩子充分表达即可，可能有假象、想象，也可能有生搬硬套。

　　家长可以借鉴心理学"叙事疗法"的观点：表达本身就是治愈的一部分，以及让孩子成为自己问题解决的专家。具体操作如下。

　　第一步：询问经过。

　　首先要使用开放性提问："发生了什么事？"避免先入为主的封闭式提问："你怎么又打架？""你为什么又哭了？""你为什么要抢玩具？"等等。

　　第二步：客观复述。

　　其次，根据孩子的诉说，就听到的信息复述给孩子听。一方面，向孩子传达家长有认真在听孩子说话，同时也给孩子一个第三方旁观者的视角，以更客观的眼光看待整个冲突。

第三步：寻找解决途径。

然后，家长要和孩子达成共识："我们对这个结果满意吗？如果不满意，我们该如何解决这个问题呢？"当然，孩子的回答可能千奇百怪，并不能一步到位解决好问题，家长可以继续重复第二步的复述，直至双方都得到满意的结果为止。

第四步：鼓励强化。

最后，复盘冲突的解决，我们要认识到，孩子是处于中心位置的，家长只是引导者和辅助者。所以，家长要记得鼓励孩子："你们解决了冲突，选择了对大家都满意的方法，很棒，点个赞！"

3. 解决冲突原则

虽然家长们想让孩子生活在没有冲突的环境中，但是现实并不允许。如果我们不把孩子放在冲突的环境里成长磨炼，如何才能培养出适应未来的孩子呢？家长如何更好地帮助孩子解决冲突呢？不妨试试以下几个小技巧。

第一，尽量不介入孩子的冲突。家长敢于放手，也会给孩子带来不怕冲突的心理支持。同时，在面对冲突时，孩子也能提升自己的人际交往能力。

第二，肯定孩子的感受。无论是孩子发起冲突，还是被动陷入冲突，总有他（她）动手的理由。驱动他（她）行动起来的动力，是值得被肯定的。只有在这样的肯定和接纳中，到以后的任何冲突中，孩子都可以自由地表达自己的感受，并懂得如何保护自己。敢于跟家长分享冲突的孩子、被家长肯定感受的孩子，是很少卷入校园霸凌事件的。

第三，家长以身作则。家长或许不会因为孩子的小打小闹大发雷霆。不过，家长正确处理冲突的方式，是值得孩子学习的。所以，家长在日常生活中，也尽量不使用暴力、冷战等方式解决冲突，而是通过幽默和智慧，朝着问题解决的方向、积极地解决问题。

每一次孩子间的战争，都是难得的社交能力成长机会。

TIPS

一声吼确实可以终止很多孩子间的冲突，但治标不治本。孩子之间产生了冲突，家长应该充分接纳孩子，引导孩子良性地解决问题，并且家长也要以身作则。相信在孩子的世界里，冲突也是促进友谊的一剂良药。

第五篇

开发卓越的学习能力

一、父母越是推着孩子走，
孩子越是没动力

导言

　　学习自主性不是单独存在的概念，而是一个人的自主性在学业上的表现。自主是自己做主的意思，心理学领域对自主性的描述是"行为的主体按照自己的意愿行事的动机、能力或特性"。当我们在说一个孩子有学习自主性的时候，通常是在说这个孩子主观上想要学习，能明明白学习对于个人的意义，能自发地主动去学习，也知道如何去开展自己的学习。

案例

　　欢欢（化名）今年刚升四年级，经常因为写不完课堂作业而被老师留下来。回到家后，欢欢也很难写完课后作业。催欢欢写作业渐渐成为家里每天都要上演的戏码，正如今天晚上发生的一样。

"欢欢，已经 6 点半啦，该去写作业啦！"妈妈焦急地说道。

"我等一会儿再去写，我还没看完呢。"此时欢欢正在客厅看绘本故事，对妈妈说道。

"欢欢，已经又过去 20 多分钟了，你看完了吗？7 点前一定要去写作业，不能再拖了，不然又写不完今天的作业，明天又有新的作业，你还得花时间去补今天的作业。你现在是大孩子了，要学会自己去安排时间了。"看到欢欢丝毫没有动身要去写作业的意思，妈妈补充说道。

"哎呀，好啦，知道了妈妈，还有一点点，我看完这个故事再去。"欢欢不耐烦地说。

就这样，妈妈和爸爸轮番催了欢欢很久，到了快 8 点的时候欢欢终于动身去写作业了。此时，妈妈和爸爸互相对视了一眼，眼神中向彼此传递着"让孩子去写作业可太不容易了"的感觉。

到了快 9 点半的时候，妈妈去到欢欢的房间查看欢欢写作业的情况，发现欢欢写作业的状态很不好，眼睛半睁着、嘴里打着哈欠，一副很困的样子，而作业还有一半没写完。妈妈心想，看来今天又跟之前一样，作业又会留下小尾巴，没办法全部完成了。

其实妈妈很清楚地知道，作业量并不多，集中起来最多1个小时就能写完。妈妈不明白为什么孩子总是要拖，为什么总是完成不了当天的作业，然后第二天因为要去补前一天的作业，搞得第二天作业也没法完成，就这样就陷入总在"欠作业""补作业""永远完不成作业"的恶性循环里。

看到欢欢现在的情况，妈妈也很苦恼，她走出房间，来到爸爸身边诉说道："还记得孩子一二年级的时候，我担心她年龄太小，贪玩儿，没法在书桌前静下心来专注地写作业，就时常坐在她的书桌旁或是拿个凳子坐在她的侧后方，陪着她一起写作业。那时候欢欢基本上还是能完成各项学习作业的。现在上四级了，她不喜欢写作业的时候我在房间里陪着她，那我想不陪着也行，现在她大了，也该给她一些自己的空间，去自己安排学习。一些育儿书上也说，想要孩子能对学习有主动性，父母就要学着往后退。可是她现在完全安排不好自己的学习，她这个样子我真的不知道该怎么办了，我也不想去天天去盯着她写作业呀，我也希望她自己可以管住自己的学习，可是不催、不盯她就不写，那能怎么办呢，哎……"

解析

在上述案例中，可以看到欢欢妈妈内心是很无奈的，对孩子的学习问题感到束手无策，最后实在是没有办法只能采取下下策去应对孩子写作业的问题。欢欢的妈妈也很希望欢欢可以管住自己的学习，但事与愿违，是什么样的因素形成了欢欢当前的学习局面呢？

1. 孩子缺乏自主安排学业的空间

当欢欢在低年级时，妈妈采用了一种非常有压力感的方式陪着她写作业，这让欢欢总是处在一个被看着和被盯着的状态。而这种状态一直持续了很久，当欢欢想到学习、想到作业时，她的第一感受会是"写作业＝被妈妈盯"，也就是说欢欢会把写作业和被妈妈盯这两件事直接地、自动地关联起来，根本没有空间让她去思考今天的作业量有多少、完成这些需要多少时间、先做哪些后做哪些、哪一类作业对自己而言是有难度的、哪一些是比较容易的，等等。

并不是所有的爸爸妈妈都会采取像欢欢妈妈这样的方式去处理孩子写作业的问题，但肯定有不少家长会去安排孩子、告诉孩子如何写作业。比如，有些家长会跟孩子说"今晚 6 点到 9 点是你的作业时间，那 6 点到 7 点先写语文，然后写英语，最后写数学吧，数学比较难"。然后，家长会时不时会进到孩子的房间里，去看看孩子有没按这个安排去写，写到哪了等。最后发现，孩子根本没有认真学习，要不就是一会儿玩个橡皮，一会儿玩个尺子，反正几乎是不太可能按照安排好的进度去完成作业的。

这个方式看上去跟欢欢妈妈采用的方法有所不同，相对来说稍微温和一点，不过本质上其实是差不多的，都是直接给了孩子一个关于学习的安排，然后让孩子按着这个安排去做。而孩子感受到的、接收到的都会是自己有一个不得不做的任务要去完成。从孩子角度出发，这不是他（她）自身的意愿，也不是他（她）自发思考的结果。

如果孩子经常处在这样一种被安排、被催促、被盯着的状态下，而家长又想要孩子有"学业自主性"，这几乎是不太可能会达成的一件事情。

2. 孩子缺乏自主安排学业的成功体验

欢欢妈妈在管孩子作业这件事上经历了三个阶段：

最初，欢欢是长期处于被盯着写作业的一个状态；然后，欢欢妈妈开始给孩子自己空间了，同时也带着一个期待——她希望孩子可以积极主动地安排好自己的学习；现在，欢欢妈妈发现孩子安排不好，总是完不成作业，于是她很无奈，感觉实在没办法，或者还是盯一盯吧，多少能完成得更多一些。

想象一下如果你是欢欢，在这样的一个过程中会有什么样的感受呢？

作为欢欢来讲，她很可能是懵的、不适应的、也是不知道要去怎么办的。从以前被管得很紧、很严的状态，到后来相对来讲一个宽松、可以让自己安排的状态，欢欢是不习惯的，毕竟这不是她之前熟悉的状态。以前被严管的时候，欢欢也不太可能想象"噢，原来还可以自己安排学习"，她也不会有关于自己安排学习的一些经验和体会。而现在突然要她自主安排学习，她是不知道该怎么办的，因为基于她以往的经历她暂时还不具备这样的能力。

　　所以，欢欢妈妈在希望孩子做到自主安排学习的同时，却忘记锻炼她的这种能力，而这正是家长们真正要给予到孩子帮助和支持的地方。很多时候，在孩子的心里是想完成学习要求的，不然也不会在很晚的时候还坚持写作业。只是他们目前还没有足够的能力，可能是方式方法不对，也可能因为总是受到批评而对自己失去了信心。

📎 建议

　　想要培养孩子的学习自主性，家长们需要把握好两个核心要素：一是把学习自主权还给孩子，让孩子拥有自主的空间；二是帮助孩子发展自主安排学习的能力，以获取成功的体验。基于这两个核心要素，家长在管理和辅导孩子学习时，可以尝试以下办法。

1. 转换认知，看见孩子正面临着困难

　　家长需要意识到一个现实：当孩子从幼儿园升入小学，从小学低年级逐步迈向高年级的过程中，在学业上面临的挑战和压力也是在逐步增大的。在这个过程中，孩子希望自己可以像家人和老师们期待的那样，有自主学习的动力、好的学习习惯以及方法。但他们同时也会遇到很多困难，会不知道要

怎么做，希望家长可以给到一些帮助和建议。如何通过有效的方法给到孩子恰当的帮助和支持正是家长们要修习的课题。

2. 转换期待，给予孩子成长空间

家长不要期待孩子可以一蹴而就做到自主安排学习这件事。因为当孩子无法做到时，家长很可能会对孩子感到失望，甚至还会通过一些批评、指责，把这份失望和不满传递给孩子，无形中增加孩子的挫败感，让孩子更加没有信心。家长可以依然保留希望孩子可以自主安排学习的这份期待，但同时也要给孩子成长空间，要明白自主性的培养和获得并非朝夕之事，而是在学习过程中逐渐发展起来的，相信孩子可以学会如何自主安排学习。

3. 转变方式，帮助孩子发展学业自主的能力

首先，家长可以尝试将催促性语言转换为启思性语言。如将"都几点了，你怎么还不开始写作业"转换为"现在是7点钟，你打算在接下来的时间里如何安排今天的学习?"在这样的过程中逐步让孩子意识到学习是自己的事情，他(她)需要对自己的学习负责。

其次，家长可以尝试将指责性语言转换为探讨性语言。如将"你怎么又没做完作业"转换为"妈妈看到你今天的作业任务没有完成，能跟妈妈讲讲发生了什么吗? 如果你遇到了

什么困难，妈妈也很想跟你一起看看我们可以做些什么。"跟孩子站在同一战线去面对他（她）所遇到的情况，能让孩子有被鼓励和被支持的感觉。跟孩子共同去想办法，帮助孩子获得一些看得见的小进步，在一次又一次小小的成功体验中孩子也将更加相信自己是有能力安排好学习的。

TIPS

　　把握好将学习自主权还给孩子和帮助孩子发展自主学习能力这两个核心要素，可以使家长在培养孩子学习自主性的过程中起到事半功倍的作用，而当孩子逐步地发展出良好的学习自主性时，不仅有助于帮助其自身获得优异的学习成绩，也有助于帮助孩子在成长的过程中逐步习得为自己负责的人生态度，为未来人生道路的发展奠定坚实的底层能力。

二、孩子成绩的好坏会不会影响父母在外的面子

导言

　　没有哪位父母不曾有过望子成龙、望女成凤的心愿,也没有哪位父母不曾希望自己的孩子能有出色的学业表现,这也是无数中国父母在表达对孩子的爱时再正常不过的成长期盼。不过,在这份带着爱的期盼之下,父母时常会忘了或是分不清他们是真的在为孩子好,还是想通过拥有一个优秀的孩子来满足自我价值感需要。

案例

　　俊俊(化名)是一名小学四年级的学生,一直以来学习成绩在班上都是名列前茅。不过近来,俊俊妈妈开始有些烦闷,因为自己的工作没有起色,孩子的学习成绩也在下

滑。以前俊俊不用特别督促也会去学习，顶多催促一两声，但现在却总是有各种借口拖拉着不想学习，甚至还表示讨厌那些作业和试卷。由于俊俊的学习向来都是妈妈负责的，面对孩子的退步，俊俊的爸爸也有些埋怨妈妈了。

今天，俊俊妈妈在家长群里还被老师点名说孩子没有按时交作业，老师在跟妈妈单独沟通时中说虽然俊俊成绩一直还不错，但没按时交作业的情况已经不是第一次了，希望家长多管管，不能一直这样下去。听了老师的这番话后，俊俊妈妈心里很不是滋味，顿时就上火了。

当天俊俊放学刚回到家，妈妈就带着不满的情绪对俊俊进行了批评："俊俊，你今天为什么没有按时交作业？老师可跟我说了你这不是第一次了！今天老师还在家长群里点名批评妈妈了，还跟我说要多管管你。你说妈妈平时在你的学习上投入多少精力和心思了，我每天上班这么辛苦，还要陪着你去上各种培训班。可你最近是怎么对妈妈的，不但成绩下滑了，就连每天的作业还找各种借口拖延，完全没有以前的自觉性。你怎么就这么不懂事呢，就不能自己主动地把学习安排好，少让妈妈操心嘛。"

听到了妈妈的话，俊俊没有回答，默默低着头走进自己的房间，在书桌旁边坐了下来。

"妈妈跟你说话，你怎么不理人呢，难道妈妈说得不对吗？为了抓你的学习我做了这么多。可能平时是严格了一些,你也会觉得辛苦觉得累,但妈妈这么做又不是为了我自己,都是为了你好哇!"妈妈跟上前去继续说道。

听到这里,俊俊突然崩溃地哭了出来,边哭边大声地对妈妈说道:"妈妈,你就是为了你自己,每次我考得好的时候,你就很开心地在爷爷、奶奶、外公、外婆面前去夸耀,好像这都是你的功劳;每当我考得不如你的意,你就会觉得没脸出去见人,对我也会更加严厉,不让我出去跟朋友一起打球,还扔掉我喜欢的漫画书。别人家的妈妈也管孩子的学习,可是她们不像你这样,只要我成绩一下降、作业出问题你就不开心,就好像我做错了天大的事情一样。除了学习,就不可以去做其他任何事情。你一点儿也不在乎我,你在乎的只是学习成绩好的我!我现在就是不喜欢学习,我讨厌学习,不想学习!"说完俊俊又继续哭了起来。

妈妈听到俊俊说出的这些话非常震惊,也非常伤心,自己一心一意为了孩子能有个好成绩,为了他以后更有出息付出那么多,但在孩子的心里自己居然是这样一个妈妈。同时,俊俊妈妈内心也有非常多的疑惑和不明白,难道一直以来自己都做错了吗?

解析

如果说案例中的妈妈有什么做得不对的地方,那这部分不在于她希望孩子有一个好成绩,不在于她在孩子的学业上投入了过度的心思和精力，甚至也不在于她对孩子的严苛要求，而是将自己的价值与孩子的学业表现画上了等号。

当父母对孩子的学业寄予厚望时，往往会投注很多关于自己的需要，其中最典型和最不容易觉察的一种需要便是希望通过孩子在学业上的优秀表现来体现自己的价值所在，而对孩子学业自信心的养成会产生重要影响的因素之一也正是家长的自我价值感。

那么，孩子的学业自信心是如何受到家长自我价值感的影响呢？

1. 低自我价值感父母的情绪风暴容易增加孩子在学业上的受挫感

低自我价值感的人面对他人的批评时常常会不自觉地陷入对自己整个人价值的怀疑和否定中。正如案例中俊俊的妈妈一样，当老师跟她说大人还是要多管管时，俊俊妈妈很容易会将老师的这番表达解释为对她个人的整体否定，没有办法去区分老师只是在对她这次学业辅导的情况发表看法，此时老师的言语在妈妈心里激起来的情绪浪花远远比这件事情本身大得多。而低自我价值感的人由于对自己接纳程度不高，其内心往往是没有足够的能量可以自己来处理和消化这些情绪，通常他们会依赖于外界和环境的帮助让自己好受一点，在家庭里面，理所当然的这一部分就被转移到孩子身上了，正如俊俊妈妈在受到老师的批评后会愤怒地责问俊俊一样。

当家长的情绪传递给孩子时，孩子常常会觉得是自己又惹妈妈不高兴了，也会感到害怕和担心，以后想到学习和写作业这件事时，孩子更多地会联想到这样充满冲突和不愉悦的时刻，甚至会认为自己是不好的、是没有能力的。上一篇文章中我们提到，培养孩子的学习自主性的一个核心要素，是要孩子在这方面有成功的体验，显然俊俊妈妈的做法不但不会让孩子获得这方面的成功体验，还会增加孩子的受挫感，这对于提升孩子的学业自信心是适得其反的。

2. 低自我价值感父母的"工具化"关心容易让孩子想要逃离学习

低自己价值感的人常常没有办法通过自身的存在来确认自己的价值，无法从内部给予自己真心的肯定和赞美来提升对于自己的喜欢程度，于是就会从外部去寻求价值感。在家庭里，孩子是最容易成为这类父母寻求自我价值感的替代品，就像俊俊妈妈一样，而成绩和分数就是这个替代品价值够不够高的硬指标和杠杆。当孩子成绩优秀时，妈妈会觉得自己是有能力、有价值的，在这种心态的驱使下，妈妈"唯一而正确"的做法就是不断地想尽各种办法去提高孩子的成绩，而在这种状态之中，妈妈是做不到去真正地关心孩子的感受的。此时孩子在妈妈眼中更像是实现自我价值的工具，但孩子首先是一个人，其次才是妈妈的孩子，孩子更不是工具，他们也有自己的情感和感受。

　　在这样的互动关系中，孩子通常会产生跟俊俊一样的感觉，觉得妈妈在乎的根本不是他，而是学习成绩好的他而已。当俊俊年龄较小时，在妈妈的高压管控下或许还是可以较好地去安排自己的学习，但时间久了，随着孩子的成长和压力的日积月累，现在的俊俊已经到了快崩溃的边缘，感受不到妈妈关心的俊俊也越来越受不了妈妈的高压和态度，越来越不喜欢学习，更无从谈起学业自信心了。

📎 建议

　　作为家长，要想尽可能地减少自我价值感对孩子的学业自信心带来的负性影响，至少需要在以下两方面进行自我成长。

1. 家长需要觉察自我价值感水平

　　自我价值感是一个心理学概念，我们可以将其通俗地理解为一个人对自己喜爱的程度，在多大程度上认为自己是有价值的。家长可以借助以下清单，对自我价值感水平进行大致的判断。

　　一般来讲，低自我价感的人常常会有以下的表现：

　　① 喜欢否定自己、不相信自己；

　　② 在跟他人的相处中较难感受到自己是值得被爱的；

　　③ 不太能长时间独处，会觉得是孤独的、不被关心；

　　④ 容易受他人和环境影响，容易指责他人或是抱怨环境；

⑤ 自身比较敏感,容易被他人不经意间的言语或行为触发起强烈情绪或是伤害到;

⑥ 比较喜欢待在自己熟悉的舒适区内;

⑦ 无法接受自己的失败。

而高自我价值感的人常常是喜欢和接纳自己的,觉得自己是值得被爱的,也认为自己是有能力的;他们的情绪不太会受到环境和他人的影响;对于不同的看法、观点更接纳和包容;也更愿意去尝试新鲜事物、更愿意去冒险等。

2. 家长需要有意识地去提升自我价值感

高自我价值感的家长对于孩子学习成绩会持有更多元的看法,他们不会因为孩子学习成绩不好而去否认孩子作为一个人的价值,或是觉得孩子一无是处,这将会保护孩子对于自己能力的信任感,更愿意投入到学习中去,也更可能在家长的指引、建议和帮助下去思考如何才能有好的自主学习习惯、如何通过好的自主习惯去提升自己的学业。高自我价值感的家长不会去将自己的价值感寄托在孩子的学业上,不会将孩子学得好不好与自己有没有价值作等同,更可能会把孩子当作一个独立的个体来看待,从而也更能给到孩子真的关心和看见。

相信每位家长都希望自己是有高自我价值感的,但可能并不是每位家长都能如愿。对于自我价值感相对较低的家长来讲,可以主动去寻求帮助和支持,疏通内在对于自己的不接纳和否定,更多地发展出对于自己的喜爱和接纳;可以尝试去做一些自己力所能及的事情,在一步步小的进步和成功中积攒对于自己的肯定,从而发展出对于自己能力的信任,逐步提高自我价值感。

TIPS

　　希望孩子拥有良好的学业自信心,从而在学业上有优秀的表现是每位家长对孩子的成长期待。如果父母可以在带着这份期待的同时,有能力清醒地觉察和分辨自己是否在这其中偷偷想要去实现对于自我价值感的确认和提升,有能力带着这份觉察和分辨不再去将自己的价值感与孩子的学业表现作等同,给予孩子所需要的关心和帮助,将更有利于孩子学业自信心的养成与发展。

三、改变外部环境，
培养孩子专注

导言

专注力是指我们能专注高效进行学习或工作的能力。当今这个时代诱惑太多，各种玩具、游戏、手机 App，都在干扰我们的专注力。虽然很多家长都知道培养孩子专注力的重要性，但往往在落到实处时，总是困难重重。

案例

小西（化名）是一名三年级的小学生，从一年级开始，小西的学习成绩就不好。今天是星期三，作业量跟往常一样：语文是完成一篇阅读理解和背默今天刚学过的词语；数学是一张小练习，建议在 30 分内钟完成；英语是将今天所学的内容读熟练，并且读给家长听。如果小西认真专注，所有作业加起来一个小时就能完成。

但是当小西回到家后，他开始喊肚子饿，小西的奶奶从冰箱里拿出一杯牛奶和一块小点心放在餐桌上，并提醒小西吃完就赶紧去写作业，争取在晚饭前完成作业。但一晃半个多小时过去了，小西一边吃着小点心，一边玩着刚买的玩具小车，好不容易正式坐到桌前开始写作业，小西又觉得自己的房间有点热，所以他选择来到客厅里写数学练习卷，但是没写一会儿，他就被摆在桌上的收音机吸引了注意力。轮到读英文的时候，小西又选择拿着书在阳台上背，这样他可以一边读书，一边看看窗外和楼下发生的事。期间，奶奶看到孙子读书读得辛苦，还把小西叫去喝点汽水。

吃完晚饭后，妈妈开始检查小西的作业了。妈妈发现小西的数学题目漏答了一道，粗心马虎错了 6 道，应用题字迹潦草，解题步骤写得乱七八糟。于是妈妈要求小西订正错题，应用题全部用涂改液涂掉重新写。这时小西就特别不愿意，他非常愤怒又不解地问妈妈："为什么所有题我都会了，还需要做这么多作业？写得又累又没有意义。"小西妈妈也同样愤怒地说："这是老师布置的作业，你必须得完成。你看你们班小勤同学，人家每天作业在晚饭前就写完了，哪像你，天天都要写到深更半夜。"这时小西甩下笔，不再写作业了。小西妈妈接着数落道："你现在不吃学习的苦,以后肯定会吃生活的苦,你以后就每天去大街上去捡垃圾。"小西说:"捡垃圾很好哇,我就去捡垃圾。"小西妈妈气不过,在小西的屁股上拍了两下,然后小西立马跑到床上开始哭泣。当天小西与妈妈之间的冲突直到小西爸爸回来才结束,最终小西到 10 点多才睡觉。

解析

　　孩子常常很难集中注意力,特别是当他们接到一项被认为具有挑战性或有困难的任务时。而孩子难以集中注意力的原因有很多,也许是缺乏理解力,也许是不知道怎么去完成任务。从上述案例来看,小西专注力水平比较低的原因可能跟以下三方面因素有关。

1. 环境因素

　　在小西的学习环境中不仅有可以吃的美食,可以随时拿来玩的玩具,还有一直在发出声音的收音机,等等。这些因素的存在很容易让小西的注意力分散开来,而当小西分心之后,家人的监管力度也是不够的,当孩子玩耍的时候,家人没有及时把孩子从分心的事情中拉回来。专注对于孩子来讲本身就不是一件容易的事情,如果环境中同时存在太多无关的事物,不仅不利于孩子注意力的集中,而且对孩子的专注能力提出了很高的挑战。在这样的环境中,小西做不到较好地将自己的专注力集中在学习上,反而是比较正常和自然的一种表现。

2. 生理因素

专注力的稳定性和其所需要具体的抗干扰能力都和人的生理条件与大脑功能有关。儿童发展心理学领域的研究显示,5 至 7 岁儿童的专注力持续时间为 10—15 分钟,8—12 岁儿童的持续时间为 15—25 分钟。家长首先需要知道孩子正常专注力的范围,以避免对孩子过于苛责。

有研究表明,高糖和高脂肪的饮食习惯会使孩子的身体缺乏持续的营养来帮助在课堂上或写作业时集中注意力。小西在家里没有节制地吃着点心,这也不利于小西专注力的维持。根据 2021 年教育部印发的《关于进一步加强中小学生睡眠管理工作的通知》,小学生每天睡眠时间应达到 10 小时,案例中小西睡觉时间是 10 点多,这是比较晚的睡眠时间,不利于孩子的大脑发育,如果长此以往也会对小西的专注力产生影响。

3. 心理因素

如果小西成绩一直不好,也没有习得良好的学习方法,在跟同学的比较中,小西属于弱势地位,这样的话小西的自尊心和自信心都会受挫。久而久之小西容易产生习得性无助的心理,觉得自己再怎么努力,学习成绩也没办法比别人好。这种心理状态会减弱小西在学习时意志力和自制力,需要家长的催促才会学习。当小西的父母不仅没有用科学合理方法去帮助小西提升对学习的自信心，还采取批评指责的方式对待小西时，这无益于提高孩子的专注力，反而使得小西更不愿意学习。

📎 建议

1. 通过改善环境来提高专注力

首先，让孩子养成在固定的场所学习的习惯。因为不管是大人还是孩子，来到一个新的环境中都需要时间去适应。如果孩子有一个专门的场合用来思考或学习的话，那么当孩子每次进入这个场合就更可能自动开启学习模式。当然，从环境布置的角度，这个场合最好能够尽可能简单，避免孩子被其他事物干扰。

其次，让家里所有人都明白，每个成员都需要并且可以有一个固定的时间来做自己的事情，而不用担心被其他人或事打断。例如，当孩子看书时，家长可以不用去送吃送喝，直到孩子专注地完成某个段落。从另一个角度说，如果父母也时常能够专注于自己的事情，那就是给孩子最好的榜样。

2. 通过运动提高孩子的抗干扰能力

孩子的抗干扰能力与孩子大脑里的前庭神经核功能有关，带孩子做运动可以较好地锻炼大脑的功能。在常见的运动中，拍篮球就是一个比较合适的运动，篮球的大小适中，如果没有把球拍起来，那大概率是因为孩子注意力不集中而不是因为技术不够好。除此之外，让孩子跳绳也可以帮助孩子进行专注力训练，最好可以坚持每周 2—3 次，每次坚持 20—30 分钟。

3. 撕去"专注力不好"的标签，改善习得性无助

波斯纳和罗斯巴特的研究表明，当对注意力不集中的儿童进行 5 周的训练后，儿童的注意力变得更好了，大脑皮层也发生了变化。家长可以通过跟孩子分享人类大脑是具有可塑性的，让孩子认识到我们的注意力水平也是可以得到改善的。

在破除孩子的习得性无助方面，一个可参考的技巧是将大型任务分解为较小的任务，让孩子更清楚地知道需要做什么。任务分解的标准是每一个小任务都是孩子的能力范围内可以完成的，这有助于孩子逐步获得成就感，而这样的成就感会进一步转化成为孩子完成其他任务的动力。

TIPS

在培养孩子专注力时，家长需要从环境因素、生理因素和心理因素三方面进行综合考虑，这有助于更全面和客观地看待孩子专注力的问题，也有助于家长从更科学的角度给到孩子恰当的帮助，帮助孩子发展出较好的注意力水平。

四、不是孩子不努力，而是学习的元认知能力有待提高

导言

家长们都知道小学阶段是孩子养成良好学习习惯的关键时期。习惯一旦养成，可以让孩子的学习更加轻松，也会让孩子的学习效率更高。但是事实上，习惯绝不仅仅是行为上的重复，更涉及对自我的反思和对自我行为的监控，即跟孩子的"元认知"能力有关。

案例

佳佳（化名）现在上小学二年级，佳佳的父母平时都需要上班，她的生活起居主要由奶奶照顾。妈妈只有在晚上下班回家后，才有时间检查佳佳的学习情况。每天放学后，佳佳都会选择在自己的房间完成学校老师的作业，而

不是在相对嘈杂的客厅。佳佳最近在学"两位数加减法"。这天，数学老师进行了课堂小练习，佳佳得了89分。数学老师在课堂上将整张练习卷讲解了一遍，并要求所有同学回去后先将练习卷上的错题进行改错，然后认真复习这一章节的内容。

佳佳妈妈到家时，佳佳称已经完成了学校老师布置的所有作业。佳佳妈妈先看了看这张练习卷，一下子就看到几道错得很类似的题目。但是妈妈并没有直接指责孩子犯了重复的错误，因为妈妈更加关注佳佳有没有养成良好的学习习惯而不是某道题有没有答对。虽然很多孩子在订正选择题和填空题的时候都是直接在旁边写一个正确答案。但是佳佳按照妈妈的要求，把错误的题目都抄写下来重新订正。尽管已经做得很好了，佳佳妈妈还是想做进一步的指导。

"佳佳，你看同样是算术题，为什么就错了这些，而其他的算术都做对了呢？"

"好像这些都是减法。"佳佳歪过头看了一下练习卷。

"喔，原来你不喜欢做减法呀！所以当看见减法的时候你是不是就会有点紧张啦？"妈妈耐心地回应道。

"是的呀！我喜欢算加法，那很简单，我也算得很快。"佳佳自豪地说。

"既然你那么喜欢做加法，你想想没有可能把减法变成加法呢?"妈妈温柔地说着。

佳佳看着题目思考了一会儿，摇摇头。

"你看，整十位数字的计算题你算得很快，对吧。那我们有没有可能多减一些，然后把多减的加回来呢?例如，把61-16变成61-20+4呢"妈妈尝试着给到一个方向。

"真的呢，让我看看。"

佳佳试了一下新的思路，果然又快又对，脸上也浮现出了笑容。妈妈乘机又给佳佳出了几道题目。同时，妈妈还不忘提醒佳佳:"尽管转换了思路，练习还是不能少的，如果遇到困难，咱们继续讨论哦!"

写完订正作业，妈妈接着问道:"你的预习作业完成得怎么样啦?"

佳佳说:"反正老师明天课上要讲的，没有必要再仔细看吧。"

妈妈反问道:"佳佳，你还记得你看了好几遍的《窗边的小豆豆》吗?"

"记得呀!"

"那你既然都知道故事情节，为什么还要看好几遍呢?"

"它好看哪，而且有的时候我会忘记里面的情节。"

"对呀，那你看，如果你上课的时候是第一遍听到老师讲的内容，肯定没有看几遍来得印象深刻，是不是?"

看到佳佳点了点头，妈妈顺势让佳佳再去看一遍书，并要求她在看完之后回答自己几个问题："下节课要掌握什么？和之前的知识有什么联系？有没有看书没有看懂的地方？不懂的地方是否在书上标记出来了？"

就这样，妈妈从头到尾都没有提到某道题目，却又用自己的方式强化了佳佳的学习习惯。

三　解析

元认知是美国心理学家弗拉维尔提出的，指的是对认知过程的认知。例如，佳佳在学习过程中，一方面进行着像感知、记忆、思维这样的认知活动，另一方面又要对自己的各种认知活动进行积极的监控和调节。这种对自己的感知、记忆、思维等认知活动本身的再感知、再记忆、再思维的过程就称为元认知。

1. 元认知包含对个人因素、任务因素以及认知策略的再认知

比如在改错过程中，佳佳需要清楚地了解自己哪些知识点掌握得扎实，哪些掌握得不扎实，自己犯错的规律是什么。而妈妈让佳佳把错题重新整理出来，就是为了帮助佳佳了解自己，同时识别任务之间的不同。针对佳佳不喜欢的减法，妈

妈还带领着佳佳找到了新的计算思路，这是在帮佳佳优化认知策略。

2. 元认知包含对在进行认知活动时所产生的情感体验的认知

孩子们面对自己的错误时，天然会有紧张或者羞愧的感受，当需要将错题重复抄写或练习时，这些感觉会让孩子觉得订正题目是一件很麻烦或枯燥的事情。基于此，在指导孩子写作业的时候，佳佳妈妈特意避免使用激烈的言辞去说教孩子，而是选用了温和的方式引导孩子自我思考；在分析题目的过程中，妈妈也引导佳佳明白了做减法可能会给她带来负向感受，而这种感受会影响到她的学习状态。随后，妈妈看到佳佳表现出对加法的自信，于是顺势通过引导让佳佳将不擅长的学习内容转化成她擅长的方式，强化佳佳的成功体验，有效地激起了佳佳学习的兴致。

3. 元认知包含对认知过程的效果进行监控和调节

佳佳的学习效果如何呢？佳佳能合理安排自己的学习时间，一到家就会开始学习，并不会拖拉，同时佳佳会选择在安静的环境学习开展学习，这些习惯都有助于帮助佳佳提升学习效率。在妈妈到家时，佳佳已经完成了学校老师布置的所有作业，这表明佳佳的学习效果还是很不错的。家长若想帮助孩子形成像佳佳这样的良好学习习惯，科学的途径是帮助孩子意识到这样的选择可以提高自己的学习效率，而不是一味地"催""盯""吼"，就像佳佳会自主选择在安静的环境学习开展学习，其实是建立在佳佳衡量了安静的学习环境有助于自己更好地学习这一判断的基础上的。

📎 建议

1. 和孩子一起开展"我是同桌的小老师"的练习

将元认知能力应用在学习过程中，需要家长帮助小朋友抽离出问题本身而去思考学习过程本身。家长可以通过让孩子想象"如果你的同桌做错了题，他（她）会是因为什么原因而做错？"来引导孩子找出不同的解题思路，以及原因所在。家长可以让孩子列出一系列同桌可能犯错的原因，然后逐一分析。当孩子能够列举出多个思路，并识别各种思路的卡点时，那么孩子也能在很大程度上避免自己也犯这样的错误。同时，当孩子把问题想象成别人的问题时，也可以避免对负性情绪的体验，极大地增强孩子的安全感，从而更加客观地看待问题本身。

2. 和孩子一起写学习日志

帮助孩子监控自己的想法的有效途径之一就是使用个人学习日志。通过日志布置每周思考的问题，帮助孩子们反思他们是如何学习的，而不是他们学到了什么具体的知识点。

问题可以包括：

① 本周对我来说最容易学习的是什么？为什么？

② 什么对我来说最具挑战性？为什么？

③ 我在什么时间段学习，学习效果最好？

④ 在我准备考试时，哪些学习策略效果很好？

⑤ 哪些备考策略效果不佳？下次我会有什么不同的做法？

⑥ 什么学习习惯最适合我？为什么？

⑦ 下周我将尝试或改善哪些学习习惯？

TIPS

　　对于孩子来说，拥有元认知能力意味着他们能够认识自己的认知能力，指导自己的学习，评估自己的表现，了解自己成功或失败的原因，并学习新的策略，也可以帮助孩子学习如何对自己的认知活动进行调节和优化。这样的能力可以使孩子学习得更高效，也会帮助孩子更好地适应充满变化和挑战的未来。

后记一

　　受邀写这本书的时候，恰逢新冠肺炎疫情，在这样特殊的阶段受姚爱芳老师的邀请参与家长学校"亲子关系指导丛书"小学阶段部分的撰写，深感荣幸。如果说前些年家长对家庭教育的需求已经开始萌芽，疫情则是给家庭教育领域带来了更大的推动与思考。正是这样的需求与趋势，看到了国家政策的推动以及上海家长学校的建立与发展，更难得的是在短短2年间不管是上百期的家长大讲堂还是家庭教育教材的规划与编写，都离不开每位家长学校工作者的付出与担当，非常高兴能在其中尽绵薄之力。

　　坦诚地说。虽然这本书属于"亲子关系指导丛书"，但实际上，除了青春期孩子的家长以外，部分家长对亲子关系不是那么重视，究其根本，主要是许多家长感觉亲子关系有困惑的时候，往往是孩子不再听话、不会及时回应家长以及家长影响力在孩子心中丧失的时候。最明显的阶段则是青春期阶段，这个阶段的孩子自我意识进一步发展，强烈的独立意识以及内心力量的增长都会让他们对家长不再有崇拜，甚至出现了为了对抗而对抗的情况，这是大部分家长在寻求指导时面临的状态。

因此，希望更多家长在阅读亲子关系这个系列书籍中，需要有两个共识点，共识点一就是时间线的共识，如上所述，亲子关系是贯穿我们与孩子始终的，是一个终身互动的关系，而青春期亲子关系是否会爆发冲突的前提其实在小学阶段就已经埋下了种子。因此，比起青春期，小学阶段亲子关系的经营与维护更是家长们需要重视的。共识点二则是虽然本系列定位是亲子关系的指导，但实际上亲子关系的本源是爱，这是天然父母的属性决定的，没有不爱孩子的父母，更没有不依恋父母的孩子，只是日常的琐碎消耗与影响了亲子关系。尤其很多家长在幼儿园阶段对孩子特别关爱，每日陪伴阅读绘本，和孩子一起玩耍亲密无间，而到了小学阶段，随着入学，家长的关注点从玩耍到学习，从放养式教育到不得不配合学校的规则化教育，从学习习惯、规则与任务意识，到校内的社交相处都成了家长关注的话题，因为关注这些话题导致了部分家长对孩子的沟通语气与态度不再和善，进而影响了亲子关系。因此，在亲子关系之下，我们把影响亲子关系及沟通的一些常见触发点做了整理与指导，期待能帮助家长从日常生活中用更合适的方式来沟通，保护亲子关系。

最后感谢家长学校，感谢姚爱芳老师，以及在本次书籍撰写过程中给与指导与支持的老师们，还有我的搭档吴海明老师贡献的案例与爸爸视角下的教育思考，期待这本书能给到家长们切实的帮助。

张　玲

2022 年 11 月 12 日

后记二

作为一个非教育专业背景的全职爸爸,有幸参与《更好的关系,更轻松的教育》一书的写作,我感到十分荣幸和惶恐。荣幸是因为能够将自己这些年当全职爸爸的一些体验感悟通过书里面的案例分享出来。惶恐是因为自己缺少儿童教育和家庭教育方面专业系统的学习训练,生怕自己的个人观点和做法未必"正确"。好在邀请我参加丛书写作的开放大学姚爱芳老师还邀请了在面向家长的家庭教育培训领域有着扎实专业学习背景以及十多年实践经验的张玲老师领头,这让我安心许多。

张玲老师和她的团队贡献了本书的大多数案例及分析,在后续定稿过程中就案例的讨论和修改,也让我受益匪浅。如果在我女儿上幼儿园的时候,就能读到这样一本书,对她的家庭教育会不会做得更好、更轻松。我和张玲老师在家庭教育的理念和具体做法上有很多共鸣,我深信,无论是即将从幼儿园升入小学或是孩子正处在小学阶段的家长们，都能够从这本书的诸多案例中获得一些家庭教育方面的观点做法的启发和思考。

为什么我们会给这本书起名"更好的关系，更轻松的教育"，因为小学阶段的孩子愿不愿意接受父母的教育，主要取决于和父母亲不亲，也就是亲子关系的质量。父母越是能够接纳、理解、倾听、尊重、关爱孩子，孩子越是愿意听从父母的说教，也更愿意向父母学习，在具体内容的家庭教育上来自孩子的阻抗就越少，家长的教育也就更轻松。

评价孩子的标准会随着不同的成长阶段有不同的侧重，但无论孩子面临的具体的评价标准是什么，无论孩子被这些阶段性的评价标准评判为优秀、达标或不达标，家长和孩子之间良好的亲子关系对孩子一生的成长都是最重要的影响因素之一。

衷心希望各位家长教育自己孩子遇到挑战或困难的时候，可以停一停，回想一下这本书的书名。

最后，我要谢谢我的女儿吴悠，"你是我的老师"，还要感谢妻子的信任，支持我当一个全职爸爸，一起陪伴孩子成长。

吴海明

2022 年 11 月 18 日